21 Mulheres Fantásticas

As Vidas Inspiradoras de Artistas Criativas do Século 20: Madonna, Yayoi Kusama e outras (Livro Biográfico para Jovens e Adultos)

Por Student Press Books

Tabela de conteúdo

Tabela de conteúdo 2

Introdução 4

Seu Presente 5

Madonna (nascida em 1958) 6

Beyoncé (nascida em 1981) 10

Lady Gaga (nascida em 1986) 15

Céline Dion (nascida em 1968) 20

Kate Bush (nascida em 1958) 25

Aretha Franklin (1942-2018) 29

Margaret Bourke-White (1904-1971) 33

Dorothea Lange (1895-1965) 36

Leni Riefenstahl (1902-2003) 39

Käthe Kollwitz (1867-1945) 44

Yayoi Kusama (nascida em 1929) 47

Katharine Hepburn (1907-2003) 51

Louise Nevelson (1899-1988) 54

Janet Scudder (1869 - 1940) 57

Doris Lessing (1919 - 2013) 60

J. K. Rowling (nascido em 1965) 63

Margaret Atwood (nascida em 1939) 67

Agatha Christie (1890-1976) 71

Alexandra Danilova (1903-1997) 74

Misty Copeland (nascido em 1982) 77

Josephine Baker (1906 - 1975) 81

Livros 86

Conclusão 91

Introdução

Conheça as artistas femininas fantásticas do século XX - biografias voltadas para as idades de 12 anos ou mais.

Bem-vindo à série Empoderamento Feminino, que nesta obra introduz artistas femininas do século XX. Este livro, 21 Mulheres Fantásticas, apresenta biografias inspiradoras de mulheres criativas no mundo inteiro.

Este livro traça o perfil das artistas do século XX e compartilha suas histórias de criatividade, coragem e determinação de uma forma envolvente e educativa. As histórias deste livro têm como objetivo inspirar e recriar novos caminhos para as gerações futuras.

A obra 21 Mulheres Fantásticas não é apenas mais um livro sobre mulheres de sucesso. É inspiradora, fácil de ler e inclui histórias cativantes que farão você querer continuar virando as páginas, destacando as vidas de muitas jovens e mulheres mais velhas que transformaram seus mundos e nossas perspectivas sobre o que significa ser criativa no século 20, em um mundo tão dominado por homens.

Este livro da série Empoderamento Feminino inclui:

- Biografias fascinantes - Leitura sobre exemplos femininos de sucesso como cantoras, fotógrafas, escultoras, escritoras e dançarinas que inspiraram o mundo. Você encontrará nomes como Aretha Franklin, Leni Riefenstahl, Yayoi Kasuma, Katherine Hepburn, Doris Lessing e muitos outros.
- Retratos vívidos - Traga estas Mulheres Fantásticas à vida em sua imaginação com a ajuda de fotos ou ilustrações estimulantes.

Sobre a série: A série **Empoderamento Feminino** da editora Student Press Books apresenta novas perspectivas sobre o **Empoderamento Feminino** que vão inspirar as jovens leitoras a perceber sua posição em uma sociedade cada vez mais diversificada. Quem será sua próxima fonte de inspiração?

O livro 21 Mulheres Fantásticas vai além de outros livros de biografia sobre Empoderamento Feminino que destaca tópicos e pessoas no mundo inteiro e através do tempo. É também um grande presente para qualquer filha, irmã, sobrinha ou neta.

Seu Presente

Você tem um livro em suas mãos.

Não é um livro qualquer, é um livro de livros para a imprensa estudantil! Nós escrevemos sobre os heróis negros, a capacitação das mulheres, mitologia, filosofia, história, e outros assuntos interessantes!

Desde que você comprou um livro, queremos que você tenha outro de graça.

Tudo o que você precisa é um endereço de e-mail e a possibilidade de assinar nossa newsletter (o que significa que você pode cancelar a inscrição a qualquer momento).

Então, do que você está esperando? Inscreva-se hoje e reclame seu livro gratuito imediatamente! Tudo o que você precisa fazer é visitar o link abaixo e digitar seu endereço de e-mail. Você receberá o link para baixar a versão em PDF do livro imediatamente para que possa ser lido offline a qualquer momento.

E não se preocupe - não há taxas de captura ou escondidas; apenas um bom brinde à moda antiga de nós aqui na Student Press Books.

Visite este link agora mesmo e inscreva-se para receber seu exemplar gratuito de um de nossos livros!

Link: https://campsite.bio/studentpressbooks

Madonna (nascida em 1958)

Cantora americana que é conhecida como a "Rainha do Pop".

"Muitas pessoas têm medo de dizer o que querem". É por isso que eles não conseguem o que querem".

Com canções melódicas, baseadas na dança e vídeos musicais memoráveis, Madonna se tornou uma sensação pop mundial nos anos 80. Ela continuou a gravar e fazer turnês por mais de três décadas, atraindo tanta atenção para sua imagem sexy quanto para sua música. Sua imensa popularidade lhe permitiu alcançar níveis de poder e controle sem precedentes para uma mulher na indústria do entretenimento.

Madonna Louise Ciccone nasceu em 16 de agosto de 1958, em Bay City, Michigan. Ela estudou dança na Universidade de Michigan e se apresentou no Alvin Ailey American Dance Theater em Nova York antes de trabalhar em uma discoteca em Paris em 1979.

Ao retornar a Nova York, ela se apresentou com vários grupos de rock antes de lançar seu primeiro álbum, Madonna, em 1983. Ela produziu os singles de sucesso "Holiday", "Borderline" e "Lucky Star".

Madonna tornou-se uma superestrela com o lançamento de seu segundo álbum, Like a Virgin, em 1984. O álbum foi para o número um e produziu quatro singles de sucesso. A ascensão de Madonna teve tanto a ver com seu hábil uso de videoclipes quanto com as próprias canções.

Madonna trabalhou com os melhores designers, fotógrafos e diretores para criar imagens memoráveis em seus vídeos, incluindo a inocente conhecida que ela retratou em "Como uma Virgem" e a figura de Marilyn Monroe-como "Menina Material".

Os álbuns True Blue (1986), com o single "Papa Don't Preach", e Like a Prayer (1989) também alcançaram o número um enquanto recebiam críticas positivas. O vídeo da canção "Like a Prayer" chamou a atenção por suas imagens religiosas controversas. Em 1990 Madonna partiu em sua turnê mundial Blond Ambition e lançou os singles número um "Vogue" e "Justify My Love".

Em 1991, Madonna havia marcado 21 Top Ten hits nos Estados Unidos e vendido cerca de 70 milhões de álbuns internacionalmente. Comprometida a controlar sua própria carreira, ela fez um acordo com a Time-Warner para que ela dirigisse sua própria gravadora subsidiária, chamada Maverick.

Enquanto isso, a Madonna também tinha seguido uma carreira de atriz. Seu primeiro papel como protagonista foi uma forte atuação no filme Desperately Seeking Susan (1985). Sua carreira cinematográfica vacilou com Shanghai Surprise (1986) e Who's That Girl (1987), mas recuperou-se com Truth or Dare, um documentário da turnê Blonde Ambition. Seu papel de protagonista no filme musical Evita (1996) lhe rendeu um prêmio Globo de Ouro. Madonna também apareceu na Broadway na peça Speed-the-Plow (1988) de David Mamet.

Em 1998 Madonna lançou seu primeiro álbum de material novo em quatro anos, Ray of Light, que foi uma experiência em música techno. Tornou-se um sucesso comercial e crítico, ganhando Madonna seu primeiro prêmio Grammy por sua música (sua vitória anterior havia sido por um vídeo). Sua incursão na música eletrônica continuou com a música (2000).

Em 2005 Madonna voltou às suas raízes com Confissões em um Piso de Dança. Hard Candy (2008) foi um álbum infundido em hip-hop com escrita e trabalho vocal e de produção de Justin Timberlake, Timbaland, e Pharrell Williams. O álbum MDNA (2012) apresentou cameos de mulheres rappers M.I.A. e Nicki Minaj. Madonna foi admitida no Hall da Fama do Rock and Roll em 2008.

Madonna foi casada brevemente com o ator Sean Penn nos anos 80 e casou-se com o diretor inglês Guy Ritchie em 2000. Madonna e Ritchie se divorciaram em 2008.

Destaques

- O primeiro sucesso de Madonna, "Holiday", em 1983, forneceu o projeto para seu material posterior - um som de clube de dança otimista, com uma produção afiada e um apelo imediato.
- Ela foi a primeira artista feminina a explorar plenamente o potencial do vídeo musical.
- Uma fusão de música techno e letras autoconscientes, foi um sucesso comercial e crítico, ganhando a cantora seu primeiro Grammy musical, entre eles o prêmio de melhor álbum pop (sua vitória anterior havia sido por um vídeo).
- Madonna foi admitida no Hall da Fama do Rock and Roll em 2008.

Questões de pesquisa

---

1. Que cantoras você ouve? Quem é sua cantora favorita?
2. Se alguém lhe pedisse uma recomendação de música, qual seria? (Pode ser de qualquer artista dos tempos modernos)

3. Você acha que existem artistas femininas suficientes na indústria da música hoje em dia?

Beyoncé (nascida em 1981)

Cantor-compositor e atriz americana com prêmios Grammy multiplatinado

"Se tudo fosse perfeito, você nunca aprenderia, e nunca cresceria".

A cantora-compositora e atriz americana Beyoncé alcançou fama no final dos anos 90 como vocalista do grupo de R&B Destiny's Child. Ela então lançou uma carreira solo de sucesso.

Beyoncé Giselle Knowles nasceu em 4 de setembro de 1981, em Houston, Texas. Aos nove anos de idade ela formou o grupo de cantoras Destiny's

Child (originalmente chamado Girl's Tyme) em 1990, com amigos de infância.

Em 1992, o grupo perdeu no programa de talentos de televisão Star Search. Três anos mais tarde, o Destiny's Child foi retirado de um contrato de gravação antes do lançamento de um álbum. Em 1997, entretanto, o grupo obteve um contrato de gravação na Colômbia e lançou um álbum de estréia, Destiny's Child.

Produziu três acertos solteiros, incluindo o Top Ten "No, No, No, No Part 2". O álbum seguinte, The Writing's on the Wall (1999), rendeu ao grupo dois prêmios Grammy e vendeu mais de oito milhões de cópias nos Estados Unidos.

Em 2000, o Destiny's Child havia sido reduzido de um quarteto para um trio. Eles gravaram "Independent Women, Pt. 1", que se tornou o tema da versão cinematográfica de Charlie's Angels. Lançado em outubro, o single passou 11 semanas em número um e foi incluído no terceiro álbum do grupo, Survivor (2001). O álbum também subiu para o primeiro lugar na tabela da Billboard 200.

Os deveres de Beyoncé no Destiny's Child se estenderam além do papel de cantora principal, quando ela começou a escrever e produzir. Ela ajudou a escrever canções de sucesso para o grupo, incluindo "Bootylicious" e "Independent Women". Eventualmente, o grupo separou as formas de buscar projetos individuais.

Beyoncé usou seus talentos de compositora para co-autoria de seu primeiro álbum solo, Dangerously in Love (2003). O álbum estreou para fazer resenhas, e acabou encabeçando as paradas. Em 2004, Beyoncé ganhou cinco prêmios Grammy, incluindo melhor álbum contemporâneo de R&B e melhor performance vocal feminina de R&B.

Destiny's Child se reuniu em 2004 para lançar um quarto álbum de estúdio, Destiny Fulfilled. O álbum vendeu mais de sete milhões de cópias em todo o mundo e gerou vários singles de sucesso. O trio embarcou em uma turnê mundial em 2005, durante a qual anunciaram que o grupo se dissolveria oficialmente. Nesse mesmo ano lançaram seu último álbum, o número 1, uma coleção de músicas conhecidas e os sucessos número 1.

Em 2006, Beyoncé lançou seu segundo álbum de estúdio solo, B'Day. O primeiro single do álbum, "Déjà Vu", foi um sucesso número um. Em 2008 ela se casou com o rapper Jay-Z, e a união fez deles um dos casais mais bem sucedidos da indústria do entretenimento. Mais tarde naquele ano, Beyoncé lançou o álbum duplo I Am...Sasha Fierce. I Am era uma coleção de baladas introspectivas, e Sasha Fierce continha faixas de dança familiares à maioria de seus fãs. O álbum gerou cinco Billboard Top 20 singles, incluindo o número um "Single Ladies (Put a Ring on It)".

No Grammy Awards 2010, Beyoncé ganhou seis prêmios, incluindo música do ano, melhor performance vocal feminina pop e melhor álbum de R&B contemporâneo. Foi o máximo de Grammys colecionados por uma artista feminina em uma única noite. Dias depois de liderar o Glastonbury Festival da Inglaterra, Beyoncé lançou 4 (2011), uma mistura de baladas e faixas de dança.

Em janeiro de 2013 o Destiny's Child se reuniu para um intervalo no Super Bowl. No mês seguinte, Beyoncé recebeu um prêmio Grammy para o single "Love on Top". Ela retornou no final do ano com o álbum Beyoncé. Ela ostentava produtores de marca e aparições, entre outros, da escritora nigeriana Chimamanda Ngozi Adichie e da filha mais nova da cantora, Blue Ivy. O disco foi inicialmente oferecido exclusivamente no iTunes. Foi promovido como um "álbum visual", com vídeos musicais feitos para acompanhar cada faixa. O single "Drunk in Love", que apresentava Jay Z (tendo deixado cair o hífen de seu nome), foi premiado com vários Grammys, incluindo a melhor música de R&B.

Beyoncé concentrou-se em temas de traição e perseverança no álbum musicalmente variado Lemonade (2016). Concebido como mais um álbum visual, ele estreou como um especial de televisão da HBO. Lemonade foi o sexto álbum da Beyoncé a estar no topo da tabela da Billboard 200. A limonada atraiu aclamação considerável, e rendeu a Beyoncé dois Grammys, incluindo um prêmio de melhor música-vídeo para a canção "Formation".

Em 2018, Beyoncé e JAY-Z (tendo capitalizado as letras e restabelecido o hífen em seu nome) lançaram um álbum colaborativo, Everything Is Love. O casal ganhou subseqüentemente um Grammy de melhor álbum urbano contemporâneo.

Em 2001, Beyoncé fez sua estréia como atriz no filme de televisão Carmen: Uma Hip Hopera, que foi ao ar na MTV. Seu papel como Foxxy Cleopatra em Austin Powers in Goldmember (2002) fez dela uma estrela de cinema. Esta performance a levou a participar dos filmes The Fighting Temptations (2003) e The Pink Panther (2006).

Em 2006, Beyoncé conseguiu o papel de Deena Jones em Dreamgirls, a adaptação cinematográfica do musical da Broadway de 1981 sobre um grupo de cantores dos anos 60. A apresentação de Beyoncé foi indicada para um Globo de Ouro, e sua música "Listen" foi indicada para um Oscar. Mais tarde, ela estrelou o filme Cadillac Records (2008), no qual retratou a cantora Etta James, e o thriller Obsessed (2009).

No filme de animação Epic (2013), Beyoncé deu a voz de uma fada rainha da floresta. Seu documentário Homecoming (2019), um filme de concerto que detalha sua aparição no Festival Coachella Valley de 2018 na Califórnia, ganhou um Grammy de melhor filme musical. Beyoncé foi a escritora, diretora e produtora executiva do filme.

Beyoncé expressou um personagem no remake de 2019 de Disney's The Lion King e interpretou várias canções na trilha sonora. No mesmo ano ela lançou um álbum inspirado no filme, The Lion King: The Gift. As canções desse disco foram posteriormente apresentadas no álbum visual Black Is King (2020), que foi ao ar no serviço de streaming Disney+.

Para o único "Black Parade", Beyoncé ganhou o Grammy 2020 pelo melhor desempenho em R&B. No início de 2021, Beyoncé tinha um total de 28 Grammys, o mais ganho por uma artista feminina até hoje.

Destaques

- Dias depois de uma performance triunfal no Festival Glastonbury da Inglaterra, Beyoncé lançou 4 (2011), uma mistura de baladas e faixas de dança que evocaram influências que vão desde músicas de tochas da era Motown até as colagens de áudio do rapper M.I.A. No início de 2013, Destiny's Child se reuniu para uma apresentação no intervalo do Super Bowl e lançou uma nova música, "Nuclear".

- Pouco tempo depois, Beyoncé coletou um Grammy para seu single "Love on Top".
- O single "Drunk in Love", que apresentou Jay-Z, foi premiado com vários Grammys, incluindo a melhor canção de R&B.

Questões de pesquisa

---

1. Por que não há cobertura suficiente de livros sobre os diferentes tipos de pessoas talentosas que provêm da vida universitária, como você ou Beyoncé?
2. Quais foram seus pensamentos sobre o poderoso discurso de Beyoncé no #womensmarch?
3. Pensando em quando éramos mais jovens, qual é uma história que você sempre lembra sobre uma mulher forte em sua vida?

Lady Gaga (nascida em 1986)

Cantora, compositora, atriz e onze vezes ganhadora do Grammy americano

"Lute e empurre mais pelo que você acredita, você ficaria surpreso, você é muito mais forte do que você pensa".

A cantora-compositora e artista performática americana Lady Gaga era conhecida por suas fantasias flamboyant e suas letras sensuais. Gaga alcançou sucesso popular com canções como "Just Dance", "Poker Face", "Bad Romance", e "Shallow".

Stefani Joanne Angelina Germanotta nasceu em 28 de março de 1986, em Nova York, Nova York. Ela aprendeu música desde cedo e já se apresentava no palco em clubes da cidade de Nova York quando era adolescente.

Lady Gaga estudou durante dois anos na Tisch School of the Arts da Universidade de Nova York antes de abandonar sua própria carreira. Gaga começou a se transformar em Lady Gaga- um nome derivado da canção da rainha "Radio Ga Ga" - com um estilo que combinava glam rock e design de moda exagerado.

Em 2007, Lady Gaga e a artista performática Lady Starlight formaram uma revista chamada "Ultimate Pop Burlesque Rockshow". Durante esse tempo Lady Gaga também escreveu canções para outros artistas pop como Fergie, as Pussycat Dolls e Britney Spears. Nesse mesmo ano, o rapper Akon e a Interscope Records assinaram um contrato com Lady Gaga. Posteriormente Lady Gaga começou a preparar seu álbum de estréia The Fame (2008).

Lady Gaga se modelou em artistas teatrais como David Bowie durante seu período Ziggy Stardust, as New York Dolls, e Freddie Mercury da banda Queen. Entretanto, ela criou uma personagem que veio a ocupar um espaço único no mundo da música.

Lady Gaga usava fantasias extravagantes e perucas atraentes - muitas delas criadas por sua própria Haus of Gaga. Combinada com sua música de dança sintética up-tempo e seu estilo de apresentação arrojado, ela criou sons deslumbrantes e visuais no palco.

O single "Just Dance" (de The Fame) de Lady Gaga de 2008 ganhou uma indicação ao Grammy em 2009. No entanto, ela não foi então elegível para uma indicação em 2010 como melhor artista nova. (Esta injustiça percebida levou a Academia da Gravação a rever essa regra mais tarde em 2010). Três outros solteiros de The Fame-"Poker Face", "LoveGame", e "Paparazzi"- também chegaram ao número um. No Grammy Awards 2010, Lady Gaga ganhou para melhor gravação de dança ("Poker Face") e melhor álbum eletrônico/dança.

No final de 2009, Lady Gaga embarcou na esgotada Monster Ball Tour para coincidir com o lançamento de seu segundo álbum, The Fame Monster. Embora o álbum contivesse apenas oito músicas, três delas - "Bad Romance", "Telephone", e "Alejandro" - foram batidas em 2010. (O álbum ganhou um Grammy em 2011 para melhor álbum vocal pop, enquanto "Bad Romance" ganhou um Grammy para melhor vocal pop feminino e melhor videoclipe de forma curta).

Para consolidar sua posição como uma das artistas de maior sucesso comercial em 2010, Lady Gaga fez uma apresentação na manchete do festival de música Lollapalooza em Chicago, Illinois, e apareceu na frente de 20.000 pessoas para o espetáculo Today da NBC.

O terceiro álbum da Lady Gaga, Born This Way, apareceu em 2011. Ele produziu as músicas de sucesso "Born This Way" e "Judas". Em 2013, Lady Gaga lançou Artpop. O enérgico single "Aplausos" estendeu sua série de sucessos na parada. No entanto, o álbum foi comercialmente decepcionante.

Lady Gaga voltou no ano seguinte com Cheek to Cheek, uma coleção de canções que ela gravou com Tony Bennett. A gravação encabeçou as paradas dos álbuns de jazz e jazz tradicional, e ganhou o Grammy de melhor álbum vocal pop tradicional. Em 2016, Lady Gaga lançou o álbum Joanne. Uma coleção diversificada de canções, incluindo toques de country, rock, dança e pop.

Lady Gaga ganhou um Grammy em 2019 pela melhor apresentação pop da canção "Joanne (Where Do You Think You're Goin'?)". Enquanto isso, em 2017, ela se apresentou no intervalo do Super Bowl Show. Para seu sexto álbum de estúdio, Chromatica (2020), Lady Gaga voltou à sua música anterior, misturando discoteca e pop eletrônico. Ela e Ariana Grande ganharam o prêmio Grammy 2020 de melhor performance de duo/grupo pop pela música "Rain on Me".

Além de gravar música, Lady Gaga fez aparições ocasionais de atuação. Ela apareceu nos filmes Machete Mata (2013) e Cidade do Pecado: A Dame to Kill For (2014). Em seguida, ela interpretou um vampiro no programa de televisão "American Horror Story": Hotel (2015-16). Por essa performance, ela recebeu um Prêmio Globo de Ouro.

Lady Gaga também apareceu na sexta temporada do espetáculo, que foi ao ar em 2016. Em 2018, Lady Gaga interpretou uma cantora-compositora em um remake do filme "A Star Is Born". Foi seu primeiro papel principal e ela ganhou uma indicação ao Oscar de melhor atriz por sua performance. Ela também covardeu a maioria das canções do filme, muitas das quais ela interpretou com Costar e o diretor Bradley Cooper. Em 2019, o single principal, "Shallow", ganhou o Grammy Awards pela melhor performance de duo/grupo pop e melhor música escrita para mídia visual, bem como um Oscar de melhor canção original.

Lady Gaga cultivava um seguimento dedicado, particularmente entre os homens gays. Ela se tornou particularmente franca em relação aos direitos dos gays, especialmente no casamento entre pessoas do mesmo sexo.

Lady Gaga foi oradora na Marcha Nacional pela Igualdade 2009 em Washington, D.C. Em 2021 ela cantou o hino nacional na posse presidencial americana de Joe Biden.

Destaques

- Lady Gaga, byname de Stefani Joanne Angelina Germanotta, nasceu em uma família ítalo-americana na cidade de Nova York.
- Seu segundo álbum, The Fame Monster, foi lançado em novembro de 2009 (foi originalmente concebido como um disco bônus) e quase instantaneamente produziu outro sucesso, "Bad Romance".
- O terceiro álbum de Lady Gaga, Born This Way (2011), encontrou a animadora voltando às eras musicais anteriores para se inspirar.
- Além de gravar música, Lady Gaga fez aparições ocasionais em filmes, notadamente em Machete Kills (2013) e Sin City: A Dame to Kill For (2014). Por sua atuação na série antológica, Lady Gaga recebeu um Prêmio Globo de Ouro.
- Lady Gaga recebeu aclamação da crítica e uma indicação ao Oscar por seu primeiro papel principal, uma cantora-compositora sem astúcia na remontagem de 2018 do filme A Star Is Born.

Questões de pesquisa

---

1. O que você pensa sobre a voz da Lady Gaga?

2. Quem foram suas principais influências quando se tratava de seus estilos vocais e apresentações durante os concertos, bem como o que a influenciou por volta da época do lançamento de seu álbum de estréia?
3. Se você pudesse fazer uma viagem de carro com qualquer artista feminina, quem seria e por quê?

Céline Dion (nascida em 1968)

Cantor canadense e um dos artistas mais vendidos de todos os tempos

"É o momento em que você pensa que não pode, que você pode"

Depois de cantar seu caminho para o topo das paradas em seu Canadá natal como uma sensação pop adolescente de língua francesa, Céline Dion cativou o público de língua inglesa para se tornar uma superestrela internacional. Ela recebeu elogios da indústria musical de todo o mundo, incluindo prêmios Grammy e Academy nos Estados Unidos, Juno e Felix no Canadá, e World Music Awards na Europa. Dion teve vendas de discos multiplatinado, concertos esgotados e aparições na televisão e vídeos tanto em inglês quanto em francês.

Céline Marie Claudette Dion nasceu em 30 de março de 1968, em Charlemagne, Quebec, Canadá. A mais nova de 14 crianças, ela cresceu em uma casa bem unida, rodeada de música. Seu pai tocava acordeão, e sua mãe tocava violino. A família muitas vezes passava o tempo tocando música e cantando juntos.

Aos 5 anos de idade, Céline Dion já havia demonstrado uma voz notável. Ela fazia suas primeiras apresentações públicas no piano bar e restaurante de seus pais, onde tocava as canções da estrela de gravação Quebec Ginette Reno.

Quando Céline Dion completou 12 anos, sua família a ajudou a preparar uma fita demo que enviaram a René Angélil, um conhecido agente de Montreal. Quando ouviu a voz dela, ficou viciado. Angélil assumiu o controle total da carreira da jovem cantora e estava tão empenhada em fazer dela uma estrela que ele remontou sua casa para produzir seu primeiro álbum. O casal se casou em 1994.

A carreira de Céline Dion se moveu rapidamente. Ela recebeu a Medalha de Ouro no Festival Mundial da Canção da Yamaha em Tóquio, Japão, em 1982 e deixou a escola para se dedicar em tempo integral à música. Nos quatro anos seguintes, ela gravou uma série de álbuns de sucesso em língua francesa. Com seu single "D'Amour ou d'Amitié" (1983), ela se tornou a primeira canadense a ganhar um disco de ouro na França.

Durante os anos 80, Céline Dion gravou no Canadá quatro álbuns de venda de platina em francês. Como vencedora do concurso de canções da Eurovisão realizado em Dublin, Irlanda, em 1988, Dion se apresentou ao vivo diante de uma audiência televisiva de 600 milhões de telespectadores.

O próximo desafio de Céline Dion foi fazer a transição da sensação pop adolescente para a superestrela adulta e conquistar o mercado pop em língua inglesa. A conselho de seu gerente, Dion tirou um ano de folga para polir sua imagem e aprender inglês. Uma nova e sofisticada Dion reapareceu e rapidamente lançou seu primeiro álbum em língua inglesa, Unison (1990).

Embora criticado por não ter a paixão e a profundidade de suas gravações francesas, o álbum foi ouro nos Estados Unidos, enquanto seu segundo álbum inglês, Celine Dion (1992), foi platina. Enquanto isso, ela teve dois singles de sucesso nas paradas dos Estados Unidos - "Beauty and the Beast" (1992), gravado com Peabo Bryson do filme de animação da Disney com o mesmo nome, que ganhou um Oscar, assim como um Grammy, e

"When I Fall in Love", a colaboração de Dion com Clive Griffin, do filme de sucesso Sleepless in Seattle (1993).

Dion trabalhou para manter sua audiência francófona enquanto escalava os gráficos pop nos Estados Unidos e na Grã-Bretanha. Seu Dion Chante Plamondon (1991) se tornou o álbum francês mais vendido no Canadá e, sob o título Des mots qui sonnent, foi um best-seller na França.

Céline Dion lançou subseqüentemente Celine Dion à l'Olympia (1994) e D'eux (1995) para seus fãs franceses, este último se tornando o álbum francês mais vendido de todos os tempos.

O próximo álbum inglês de Céline Dion, The Colour of My Love (1993), e seu single de sucesso "Think Twice" fizeram história musical quando Dion se tornou o primeiro artista desde os Beatles a ocupar simultaneamente o primeiro lugar nas paradas do álbum e dos singles no Reino Unido.

O próximo lançamento de Céline Dion, Falling into You (1996), incluiu suas capas (edições de canções de outros artistas) de "(You Make Me Feel Like) A Natural Woman" e "All By Myself" assim como "Because You Loved Me" - o tema do longa-metragem Up Close and Personal (1996). O álbum, que vendeu multiplatina em todo o mundo, ganhou outro prêmio Grammy para a Dion e arrebatou o Juno Awards.

Mas talvez sua maior fama tenha vindo de sua gravação de "My Heart Will Go On", a música tema para o filme Titanic de 1997. A canção ganhou um Oscar, foi a música que mais se destacou em vários países e ajudou a impulsionar as vendas de seu álbum Let's Talk About Love (1997) - que também apresentou duetos com Barbra Streisand e Luciano Pavarotti - para as dezenas de milhões.

No início do século XXI, Céline Dion fez uma pausa em sua carreira para se concentrar em sua família. Ela voltou com os álbuns A New Day Has Come (2002) e One Heart (2003), que incluíam música pop dançante além de sua habitual tarifa adulta contemporânea.

Enquanto os lançamentos foram comercialmente bem-sucedidos pela maioria dos padrões, suas vendas não alcançaram as alturas anteriores da Céline Dion. Em 2003, Dion começou a apresentar um show ao vivo em Las Vegas, Nevada, que durou mais de quatro anos, e ela lançou uma segunda residência em Las Vegas em 2011. As gravações posteriores de Dion incluíram os álbuns em inglês Miracle (2004) e Taking Chances (2007) e em francês 1 file & 4 tipos (2003), D'elles (2007), e Sans attendre (2012).

Céline Dion recebeu muitas honrarias durante sua carreira, incluindo ter sido feita Companheira da Ordem do Canadá em 2008. Em 2000, foi publicado um livro de memórias, Ma vie, mon rêve (My Story, My Dream), escrito com Georges-Hébert Germain.

Destaques

- Céline Dion, em plena Céline Marie Claudette Dion, é a mais nova de 14 crianças criadas em uma pequena cidade perto de Montreal, Dion começou a cantar com sua família musicalmente inclinada quando ela tinha cinco anos de idade.
- Ela gravou inúmeros álbuns de sucesso em francês e inglês e foi a ganhadora de vários prêmios de prestígio.
- No início do século XXI, Dion tirou um hiato de sua carreira para se concentrar em sua família.
- Ela voltou com os álbuns A New Day Has Come (2002) e One Heart (2003), que flertaram com a dança pop, além de sua habitual tarifa contemporânea adulta.
- Apesar do fato de Dion não ser mais a força cultural dominante que ela havia sido uma década antes, foi relatado em 2007 que as vendas mundiais de seus álbuns haviam ultrapassado 200 milhões.

Questões de pesquisa

---

1. Além da voz, que outras qualidades fazem com que este artista se destaque para você?
2. Quem você acha que são as cantoras mais icônicas da história?
3. Se você pudesse escolher apenas um artista para ouvir para o resto de sua vida, quem seria?

Kate Bush (nascida em 1958)

cantor, músico, cantor-compositor e produtor britânico

"Mozart não tinha Pro Tools, mas fez um trabalho muito bom".

Uma cantora e compositora inglesa conhecida por sua música imaginativa, inteligente e inovadora, Kate Bush foi uma das artistas femininas de maior sucesso na Grã-Bretanha nos anos 80. Seus álbuns incluem The Kick Inside, Lionheart, Hounds of Love, e The Sensual World.

Nascida em Bexleyheath, Kent, Inglaterra, em 30 de julho de 1958, Catherine (Kate) Bush era a criança mais nova de uma família musical. Quando jovem, Bush estudou violino e piano e frequentemente se juntou a seus pais e irmãos mais velhos para tocar e cantar músicas tradicionais inglesas e irlandesas em casa.

Aos 14 anos de idade, Kate Bush começou a escrever sua própria música e, dois anos depois, enquanto ainda era estudante na escola primária do St. Joseph's Convent, Bush gravou várias canções e as enviou para várias casas de música. Ela assinou um contrato com a gravadora EMI Records em 1974.

O contrato EMI ofereceu à jovem cantora um avanço considerável, bem como tempo suficiente para desenvolver suas habilidades antes que ela entrasse no estúdio de gravação. Entre 1974 e 1977, Bush estudou dança e mímica e também começou a ter aulas de canto.

Em 1977 Kate Bush começou a gravar seu primeiro single, "Wuthering Heights", uma canção cuja letra era baseada no romance de mesmo nome de Emily Brontë. O single foi lançado em janeiro de 1978, e em março a canção havia subido para a posição de número um das paradas pop britânicas. Em abril ela lançou seu primeiro álbum, The Kick Inside, que vendeu mais de 1 milhão de cópias.

Kate Bush lançou um segundo álbum, Lionheart, em 1978, e como parte de uma enorme campanha publicitária orquestrada pela EMI, ela foi em uma turnê de 28 cidades. Trechos da turnê foram lançados como Kate Bush no Palco (1979). A turnê esgotou Bush e fortaleceu sua determinação de se concentrar principalmente na escrita e gravação e evitar futuros eventos publicitários.

Em 1980, Kate Bush lançou seu terceiro álbum, Never for Ever, que incluía as músicas de sucesso "Breathing" e "Babooshka". Seu próximo álbum, The Dreaming (1982), foi um álbum complexo e ricamente dublado, considerado por muitos como um excelente exemplo de um estilo barroco contemporâneo. O álbum, o primeiro que ela produziu inteiramente por conta própria, foi geralmente elogiado pelos críticos, mas vendeu relativamente poucas cópias.

Após uma pausa de três anos do estúdio, Bush lançou Hounds of Love em 1985, que estilisticamente estava mais próximo de seus primeiros álbuns. Ele continha o single "Running Up That Hill", que provou ser um avanço para Bush nos Estados Unidos, onde ela ganhou um culto como o de seguir. Para o próximo álbum de Bush, The Sensual World (1989), ela se mudou para a Columbia Records. Atingiu a posição número dois nas paradas da música pop britânica.

Seu álbum The Red Shoes (1993) recebeu críticas favoráveis na Grã-Bretanha e nos Estados Unidos e até estreou no top 30 das paradas de música pop americanas. Bush raramente apareceu em concerto, embora Bush tenha feito videoclipes e um filme, The Line, The Cross, The Curve (1993), baseado em sua música.

Kate Bush então tirou uma pausa de 12 anos na música. Ela ressurgiu com Aerial (2005), um disco duplo que lhe rendeu algumas das críticas mais favoráveis de sua carreira. Mais tarde ela lançou Director's Cut (2011) - no qual ela regravou canções de The Sensual World e The Red Shoes - e 50 Words for Snow (2011).

Destaques

- Kate Bush, byname de Catherine Bush, era a criança mais nova de uma família artística.
- Depois de dirigir e estrelar em The Line, the Cross & the Curve (1993), um pequeno filme com canções de The Red Shoes, Bush tirou uma pausa de 12 anos da música.
- Ela ressurgiu com a atmosfera aérea (2005), um duplo recorde imbuído de temas de domesticidade e do mundo natural que lhe rendeu algumas das críticas mais favoráveis de sua carreira.
- Em 2014, Bush retornou ao palco pela primeira vez em 35 anos. Seus 22 concertos foram espetaculares no palco, com bonecos, ilusionistas e dançarinos, e foram seguidos pela gravação ao vivo em três discos Antes do Amanhecer (2016).
- Bush foi nomeado Comandante da Ordem do Império Britânico (CBE) em 2013.

Questões de pesquisa

---

1. O que você acha de todas as artistas da lista da Billboard que voltaram no ano passado?

2. No que você se mete mais quando vai a concertos?
3. Como os papéis de gênero mudaram das décadas de 1920 e 1930 para as de 1950/1960, o que levou a uma mudança no que as artistas femininas podiam ou não fazer no palco?

Aretha Franklin (1942-2018)

Cantora americana e a primeira mulher a ser admitida no Hall da Fama do Rock and Roll

"Às vezes, o que você está procurando já está lá".

Aretha Franklin definiu a idade de ouro da música soul dos anos 60. Em 1987, ela se tornou a primeira mulher a ser admitida no Hall da Fama do Rock and Roll.

Aretha Louise Franklin nasceu em 25 de março de 1942, em Memphis, Tennessee. A mãe de Aretha, Barbara, era uma cantora e pianista gospel. Seu pai, C.L. Franklin, presidiu a Igreja Nova Betel Batista de Detroit, Michigan, e foi um ministro de influência nacional. Cantor, ele mesmo foi conhecido por seus sermões brilhantes, muitos dos quais foram gravados pela Chess Records.

Seus pais se separaram quando ela tinha seis anos, e Aretha permaneceu com seu pai em Detroit. Sua mãe morreu quando Aretha tinha 10 anos.

Como uma jovem adolescente, Aretha Franklin se apresentou com seu pai em seus programas evangélicos nas principais cidades do país e foi reconhecida como um prodígio vocal. Sua influência central, Clara Ward dos famosos Ward Singers, era uma amiga de família. Outros grandes evangélicos do dia - Albertina Walker e Jackie Verdell- ajudaram a moldar o estilo do jovem Franklin. Seu álbum The Gospel Sound of Aretha Franklin (1956) capta a eletricidade de suas apresentações quando tinha 14 anos.

Aos 18 anos, com a bênção de seu pai, Aretha Franklin trocou a música sagrada pela secular. Ela se mudou para Nova York, onde o executivo da Columbia Records John Hammond, que havia assinado o Conde Basie e Billie Holiday, arranjou seu contrato de gravação e supervisionou as sessões destacando-a em uma veia de blues-jazz. Daquela primeira sessão, "Today I Sing the Blues" (1960) continua sendo um clássico.

Mas, como seus amigos de Detroit no selo da Motown gostaram de sucesso após o sucesso, Aretha Franklin lutou para alcançar o sucesso cruzado. Sua gravadora a colocou com uma variedade de produtores que a comercializaram tanto para adultos ("If Ever You Should Leave Me", 1963) quanto para adolescentes ("Soulville", 1964).

Sem visar nenhum gênero em particular, Aretha Franklin cantou tudo, desde baladas da Broadway até ritmo e blues juvenis. Os críticos reconheceram seu talento, mas o público permaneceu morno até 1966, quando Franklin mudou para a Atlantic Records, onde o produtor Jerry Wexler permitiu que ela esculpisse sua própria identidade musical.

Na Atlantic, Aretha Franklin voltou às suas raízes evangélicas-azuis, e os resultados foram sensacionais. "I Never Loved a Man (the Way I Love You)" (1967) foi seu primeiro milhão de vendas. Rodeada de músicos simpáticos tocando arranjos espontâneos e capaz de criar ela mesma os vocais de fundo, Franklin refinou um estilo associado a Ray Charles - uma mistura estimulante de evangelho e ritmo e blues - e elevou-o a novas alturas.

Como uma nação civilizada deu maior apoio à música urbana negra, Aretha Franklin foi coroada a Rainha da Alma. O "Respeito", sua capa de 1967 da composição espirituosa de Otis Redding, tornou-se um hino operando em nível pessoal e racial. "Pense" (1968), que ela mesma escreveu, também tinha mais de um significado.

No início dos anos 70, Aretha Franklin triunfou no Fillmore West, em São Francisco, diante de uma audiência de crianças com flores e em turnês pela Europa e América Latina. Seu retorno à música da igreja, Amazing Grace (1972), é considerado um dos grandes álbuns evangélicos de qualquer época.

No final dos anos 70, o estilo de discoteca de Aretha Franklin se tornou um pouco mais popular. Mas em 1982, com a ajuda do cantor-produtor Luther Vandross, ela voltou ao topo com um novo selo, Arista, e um novo sucesso de dança, "Jump to It", seguido por "Freeway of Love" (1985). Seus últimos álbuns incluem A Rose Is Still a Rose (1998), So Damn Happy (2003) e A Woman Falling Out of Love (2011).

Aretha Franklin recebeu a Medalha Presidencial da Liberdade dos EUA em 2005 e cantou "Meu País 'Tis of Thee" na posse do Presidente Barack Obama em 2009. Ela morreu em 16 de agosto de 2018, em Detroit.

Destaques

- No final dos anos 70, o estilo de discoteca de Aretha Franklin se tornou um pouco mais popular.
- Em 1982, com a ajuda do cantor-produtor Luther Vandross, Franklin voltou ao topo com um novo selo, Arista, e um novo sucesso de dança, "Jump to It", seguido por "Freeway of Love" (1985).
- Em 1987 Aretha Franklin se tornou a primeira mulher a ser admitida no Hall da Fama do Rock and Roll. Além disso, ela recebeu uma Honra do Kennedy Center em 1994, uma Medalha Nacional das Artes em 1999 e a Medalha Presidencial da Liberdade em 2005.
- O documentário Amazing Grace, que narra sua gravação do álbum de 1972, estreou em 2018.

Questões de pesquisa

1. Quem são suas cantoras favoritas e por quê?
2. O que é um conflito que os artistas masculinos frequentemente enfrentam e como se compara ao que as mulheres cantam?
3. Como você acha que é para as mulheres músicas tornarem-se grandes na indústria musical de hoje?

Margaret Bourke-White (1904-1971)

Fotógrafa americana e primeira mulher autorizada a trabalhar em zonas de combate

"A beleza do passado pertence ao passado".

Uma das inovadoras do ensaio fotográfico no campo do fotojornalismo foi Margaret Bourke-White. No início de sua carreira, ela ganhou reputação de originalidade, e foi a primeira mulher a se tornar correspondente de guerra credenciada durante a Segunda Guerra Mundial.

Margaret Bourke-White nasceu na cidade de Nova York em 14 de junho de 1904. Ela se formou na Universidade Cornell em 1927, tendo também estudado na Universidade de Columbia, na Universidade de Michigan e na Western Reserve University.

Embora Margaret Bourke-White tivesse a intenção de se tornar bióloga, ela mudou seus planos após um breve estudo de composição fotográfica na faculdade. Bourke-White começou sua carreira profissional como fotógrafa industrial e arquitetônica em 1927. Em 1929, ela foi contratada pelo editor Henry Luce para sua nova revista, Fortune.

Margaret Bourke-White desenvolveu seu estilo fotojornalístico pessoal enquanto estava em missões na Alemanha e na União Soviética. Bourke-White foi uma das primeiras quatro fotógrafas da equipe da revista Luce's Life quando ela começou a ser publicada em 1936. Sua fotografia de Fort Peck Dam apareceu na capa da primeira edição da revista.

Margaret Bourke-White forneceu as fotografias e seu futuro marido, Erskine Caldwell, forneceu o texto para um livro documentário sobre o Sul rural, 'You Have Seeen Their Faces', publicado em 1937. Bourke-White e Caldwell foram casados entre 1939 e 1942.

Com o início da Segunda Guerra Mundial, a Vida designou Bourke-White para cobrir as forças armadas dos Estados Unidos. A caminho do norte da África, seu navio de transporte foi torpedeado e afundado, mas ela sobreviveu para fotografar a campanha italiana. Cobrindo o mar de Moscou, Bourke-White fotografou o bombardeio do telhado de seu hotel perto do Kremlin.

A iluminação das tochas alemãs serviu de iluminação para suas fotos. Mais tarde, suas fotografias dos detentos emaciados dos campos de concentração alemães e dos cadáveres nas câmaras de gás atordoaram o mundo.

Após a guerra, na Índia, Bourke-White produziu retratos em movimento do líder nacionalista Mahatma Gandhi e registrou a vasta migração de pessoas deslocadas pela divisão da terra na Índia e no Paquistão. Em 1949 e 1950, Bourke-White cobriu a agitação racial e trabalhista na África do Sul. Durante a Guerra da Coréia, no início dos anos 50, Margaret Bourke-White foi anexada como correspondente das tropas sul-coreanas.

Em 1952, Margaret Bourke-White foi atingida pela doença de Parkinson. Ela então dedicou grande parte de seu tempo a escrever, embora ela tenha continuado a produzir alguns ensaios fotográficos antes de se aposentar da Life em 1969. Bourke-White morreu em Stamford, Connecticut, em 27 de agosto de 1971.

Destaques

- Margaret Bourke-White, nome original Margaret White, começou sua carreira em 1927 como fotógrafa industrial e arquitetônica, logo ganhou reputação de originalidade, e em 1929 o editor Henry Luce a contratou para sua nova revista Fortune.
- Após a Segunda Guerra Mundial, Bourke-White viajou para a Índia para fotografar Mohandas Gandhi e registrar a migração em massa causada pela divisão do subcontinente indiano em Índia hindu e Paquistão muçulmano.
- Durante a Guerra da Coréia, ela trabalhou como correspondente de guerra e viajou com as tropas sul-coreanas.
- Atingida pela doença de Parkinson em 1952, Bourke-White continuou a fotografar e escrever e publicou vários livros sobre sua obra, assim como sua autobiografia, Portrait of Myself (1963).

Questões de pesquisa

---

1. Se você fosse recomendar um fotógrafo famoso, vivo ou morto, o que seria?
2. Essas mulheres desafiam a idéia da fotografia dominada em grande parte por homens, ou elas simplesmente ignoram tudo isso juntas e se concentram mais substancialmente em seu trabalho?
3. Por que as fotografias são tão importantes para as pessoas entrarem ou como sua forma de arte favorita?

Dorothea Lange (1895-1965)

Fotógrafo documental americano

"A câmera é um instrumento que ensina as pessoas a ver sem uma câmera".

As fotografias marcantes das vítimas da Grande Depressão dos anos 30 que foram feitas por Dorothea Lange foram uma grande influência para o sucesso de fotógrafos documentalistas e jornalísticos. Lange tem sido chamado o maior fotógrafo documental dos Estados Unidos.

Dorothea Lange nasceu em Hoboken, N.J., em 26 de maio de 1895. Ela estudou fotografia pela primeira vez com Clarence White, membro de um conhecido grupo de fotógrafos chamado Photo-Secession. Aos 20 anos de idade, Lange decidiu viajar pelo mundo, ganhando dinheiro enquanto vendia suas fotografias. Seu dinheiro acabou em São Francisco, onde Lange se estabeleceu e abriu um estúdio de retratos em 1916.

Durante a depressão, Lange fotografou os sem-teto que vagueavam pelas ruas. Fotos como White Angel Breadline, tiradas em 1932, mostraram a desesperança desses homens e receberam reconhecimento imediato dos renomados fotógrafos do Grupo f.64. Isto levou a Lange a ser contratada pela Administração Federal de Reassentamento (mais tarde chamada de Administração de Segurança Agrícola) para chamar a atenção do público para as condições dos pobres.

Suas fotografias dos trabalhadores migrantes da Califórnia, legendadas com as próprias palavras dos sujeitos, foram tão eficazes que o estado estabeleceu acampamentos para os migrantes.

Em 1939 Dorothea Lange publicou uma coleção de suas fotografias chamada An American Exodus: a Record of Human Erosion (Um Êxodo Americano: Um Registro de Erosão Humana). Dois anos depois, ela recebeu uma bolsa de estudos Guggenheim, da qual desistiu para registrar com sua câmera a evacuação em massa de japoneses-americanos na Califórnia para campos de detenção após o bombardeio de Pearl Harbor.

Após a Segunda Guerra Mundial, Dorothea Lange fez uma série de ensaios fotográficos para a revista Life. Em 11 de outubro de 1965, Lange morreu em São Francisco após uma longa doença.

Destaques

- Dorothea Lange estudou fotografia na Universidade de Columbia, em Nova York, sob a orientação de Clarence H. White, membro do grupo Photo-Secession.
- Em 1918, Lange decidiu viajar pelo mundo, ganhando dinheiro com a venda de suas fotografias. Seu dinheiro acabou quando ela chegou a São Francisco, então ela se estabeleceu lá e conseguiu um emprego em um estúdio de fotografia.
- Durante a Grande Depressão, Lange começou a fotografar os homens desempregados que perambulavam pelas ruas de São Francisco.
- A primeira exposição de Lange foi realizada em 1934, e depois disso sua reputação como fotógrafa documental habilidosa foi firmemente estabelecida.

Questões de pesquisa

1. Que obstáculos as artistas femininas enfrentam quando se trata de ser levadas a sério como artistas?
2. Como a arte é moldada e reflete a sociedade de onde ela veio?
3. Ainda há estereótipos envolvidos na criação da arte, mesmo que apenas subconscientemente?

Leni Riefenstahl (1902-2003)

diretora de cinema, atriz, produtora e fotógrafa alemã

"Fiquei fascinado com os efeitos que poderiam ser alcançados com a edição". A sala de corte tornou-se uma oficina mágica para mim".

O legado da cineasta, atriz, fotógrafa e diretora alemã Leni Riefenstahl foi corrompido por seu destaque como cineasta para Adolf Hitler. Riefenstahl era conhecida principalmente por dois documentários que ela fez durante o regime nazista, que mais tarde foram tocados como algumas das peças de propaganda de maior sucesso já feitas.

Triunfo do Testamento, que Hitler encomendou a Riefenstahl, foi um documentário sobre o congresso do partido nazista de 1934 em Nuremberg. O segundo, Olympia, foi sobre os Jogos Olímpicos de Verão de 1936 em Munique. Mais tarde na vida, Leni Riefenstahl foi fotógrafa, trabalhando especialmente com pequenas tribos africanas, e uma cineasta subaquática, mas ela nunca superou as questões e controvérsias em torno de seu trabalho para os nazistas.

Berta Helene Amalie Riefenstahl nasceu em 22 de agosto de 1902, em Berlim. Leni Riefenstahl era a filha mais velha de Alfred e Berta Riefenstahl. Seu pai era dono de uma empresa de engenharia de encanamentos. Ela estudou na Academia Kunstakademie, e mais tarde iniciou sérios estudos em balé e pintura.

A primeira carreira de Leni Riefenstahl foi como dançarina, e ela se apresentou em recitais no início da década de 1920 até que uma lesão no joelho em 1924 interrompeu sua carreira de dançarina. Riefenstahl trabalhou como atriz em filmes cinematográficos durante a década seguinte, especializando-se em filmes populares alemães de ação e de montanha. O primeiro deles foi Peak of Destiny (1925), que foi dirigido por Arnold Franck.

Para desempenhar os papéis nestes filmes de ação, Leni Riefenstahl aprendeu a esquiar e a escalar montanhas. As tramas de alguns destes filmes eram fracas, mas as imagens de seres humanos conquistando a natureza eram vívidas. Os críticos de filmes posteriores argumentaram que estes filmes continham as sementes do proto-nazismo. Leni Riefenstahl, que era uma beleza sensual, tornou-se uma atriz famosa e adorada na Alemanha.

Em 1931 ela formou Leni Riefenstahl-Produktion, e em 1932 Riefenstahl escreveu, dirigiu, produziu e estrelou em The Blue Light. O filme, baseado em um velho conto folclórico italiano de uma jovem fascinada pela luz emanada de uma caverna, foi muito bem recebido.

Hitler era um de seus admiradores, e depois de ver o filme, pediu a Riefenstahl que fizesse um documentário sobre o congresso do partido em Nuremberg. A Luz Azul foi o primeiro filme que Leni Riefenstahl dirigiu, e recebeu a medalha de prata na Bienal de Veneza de 1932.

Triumph of the Will (1934) foi um documentário sobre o comício em Nuremberg durante a ascensão dos nazistas ao poder. O filme foi inteiramente financiado pelo partido nazista, e Riefenstahl tinha mais de

100 pessoas trabalhando nele. Foi premiado com a medalha de ouro na Bienal de Veneza, em 1937.

Leni Riefenstahl dirigiu e editou o filme, preenchendo-o com propaganda impressionante e altamente eficaz, incluindo o uso liberal de símbolos como a suástica e as águias voadoras. No filme Hitler é retratado como um salvador, e muitos dos tiros escaneando a multidão destacam a adoração nos olhos das pessoas que o observavam.

Olympia, o recorde de Riefenstahl nos Jogos Olímpicos de 1936, levou dois anos inteiros para ser concluída, desde o treinamento de todos os seus operadores de câmera até sua edição final. O filme, que foi lançado no aniversário de Hitler, rendeu a Leni Riefenstahl mais uma medalha de ouro na Bienal de Veneza. Décadas depois, alguns especialistas em cinema consideraram Olympia um dos maiores filmes de todos os tempos.

Leni Riefenstahl mudou a forma como os documentários de eventos esportivos foram abordados. Ela tinha 33 pessoas operando câmeras, incluindo as que capturam reações na multidão, os preparativos das gravações e as que filmam os próprios eventos.

Riefenstahl amarrou uma câmera a um balão para filmar eventos de cima, e ela acompanhou os corredores ao redor da pista com a câmera. O ideal nazista da perfeição do corpo humano ariano se reflete no filme, mas, apesar do preconceito racial da filosofia nazista, Leni Riefenstahl deu atenção também aos triunfos do atleta afro-americano Jesse Owens.

Após a guerra, Leni Riefenstahl foi incluída na lista negra. Riefenstahl foi mantida prisioneira na Áustria pelo Exército dos Estados Unidos e mais tarde foi presa pelas autoridades francesas. Alegações de que ela se envolveu em atividades políticas para apoiar o regime nazista foram declaradas falsas por tribunais em Baden em 1948 e em Berlim Ocidental em 1952.

Em 1956, Leni Riefenstahl fez sua primeira visita à África, e nos anos 60 ela já estava em um novo capítulo de sua vida, fotografando o povo Nuba do Sudão. Suas fotografias foram publicadas por revistas como Life, Der Stern, e L'europeo.

Leni Riefenstahl viveu entre pequenas tribos e lançou livros de fotografias, incluindo The Last of the Nuba (1974) e People of the Kau (1976). Aos 71 anos de idade ela começou a fazer fotografia submarina, publicando Coral Gardens em 1978.

Na década de 90, Riefenstahl escreveu sua autobiografia e participou de filmes feitos por biógrafos sobre sua vida. Outros filmes de Leni Riefenstahl incluíram A Montanha Santa (1925), O Grande Salto (1927), O Inferno Branco de Pitz Palu (1929), Tempestades do Mont Blanc (1930), White Frenzy (1931), S.O.S. Iceberg (1933), e Tiefland (1945).

Algumas das outras publicações de Leni Riefenstahl incluem Mein Afrika (1982), Memoiren (1987), Wonders Under the Water (1991), The Sieve of Time (1992), e sua autobiografia, Leni Riefenstahl: A Memoir (1994).

Em 1993, o diretor Ray Muller lançou um documentário intitulado The Wonderful Horrible Life of Leni Riefenstahl. O filme recebeu muita atenção, e seu tema, em seus anos 90, foi tão forte e impenitente como sempre. Alguns a saudaram como a maior cineasta de todos os tempos, enquanto outros a condenaram por usar voluntariamente seus talentos artísticos para apoiar o regime criminoso de um ditador genocida.

Seus filmes foram elogiados por sua notável edição, por sua bela cinematografia e por suas pontuações completas e bem escolhidas. Em 1997, a série Biografia no canal a cabo A & E da televisão produziu Leni Riefenstahl: The Führer's Filmmaker. O filme destacou os acontecimentos de sua vida.

Embora Leni Riefenstahl tenha sido autorizada pelos tribunais após a guerra e nunca tenha sido membro do partido nazista, Riefenstahl nunca viveu muito mal sua conexão com Hitler. Ela permaneceu sem se desculpar, mantendo que sua política estava separada de sua arte. Durante uma viagem ao Sudão em 2000 para visitar o Nuba, ela foi ferida em um acidente de helicóptero.

Em 2003, Riefenstahl lançou seu primeiro filme em 48 anos. O trabalho, um documentário intitulado Impressionen Unter Wasser (Impressions Under Water), foi uma série de vinhetas sobre a vida submarina no Oceano Índico. Leni Riefenstahl morreu com a idade de 101 anos em 8 de setembro de 2003, em Poecking, Alemanha.

Destaques

- Leni Riefenstahl estudou pintura e balé em Berlim, e de 1923 a 1926 ela apareceu em programas de dança em toda a Europa.
- Riefenstahl iniciou sua carreira cinematográfica como atriz em "filmes de montanha" - um tipo de filme alemão no qual a natureza, especialmente a paisagem de montanha, desempenha um papel importante - e acabou se tornando diretora no gênero.
- Em 1931 ela formou uma empresa, Leni Riefenstahl-Produktion, e no ano seguinte escreveu, dirigiu, produziu e estrelou em Das blaue Licht (1932; The Blue Light).
- Os filmes de Riefenstahl foram aclamados por suas ricas partituras musicais, pela beleza cinematográfica das cenas do amanhecer, das montanhas e da vida rural alemã, e pela montagem brilhante.
- Grande parte da vida posterior de Riefenstahl foi dedicada à fotografia, e Korallengärten (1978; Coral Gardens) e Wunder unter Wasser (1990; Wonders Under Water) são coleções de suas fotografias submarinas; um documentário sobre a vida marinha, Impressionen unter Wasser (Impressions Under Water), foi lançado em 2002.

Questões de pesquisa

---

1. o que o inspira a tirar uma foto em vez de pintar?
2. Você acha que sua fotografia é estereotipada, feminina ou masculina?
3. Quem são suas fotógrafas favoritas de todos os tempos?

Käthe Kollwitz (1867-1945)

Artista alemã conhecida por seus desenhos e gravuras

"Se cada um reconhece e cumpre seu ciclo de obrigações, surge a genuinidade".

O artista gráfico e escultor alemão Käthe Kollwitz foi o último grande praticante do expressionismo alemão e talvez o principal artista de protesto social do século 20. Kollwitz usou seu trabalho para defender as vítimas da injustiça social, da guerra e da desumanidade.

Nascida Käthe Schmidt em 8 de julho de 1867, em Königsberg, Prússia Oriental (hoje Kaliningrad, Rússia), ela cresceu em uma família liberal de classe média e estudou pintura em Berlim em 1884-85 e Munique em 1888-89.

Depois de 1890, Käthe Kollwitz dedicou-se principalmente à arte gráfica, produzindo gravuras, litografias, xilogravuras e desenhos. Em 1891 ela se casou com Karl Kollwitz, um médico que abriu uma clínica em uma seção da classe trabalhadora de Berlim. Lá, Käthe Kollwitz ganhou uma visão em primeira mão sobre as condições miseráveis dos pobres urbanos.

As primeiras obras importantes de Käthe Kollwitz foram duas séries separadas de gravuras, intituladas Der Weberaufstand (cerca de 1894-98; Revolta dos Tecelões) e Bauernkrieg (1902-08; Guerra dos Camponeses). Nessas obras, ela retratava a situação dos pobres e oprimidos com as formas poderosamente simplificadas e ousadamente acentuadas que se tornaram sua marca registrada.

Depois de 1910, Kollwitz passou a esculpir por um tempo. A morte de seu filho mais novo em batalha em 1914 a afetou profundamente, e Kollwitz expressou seu pesar em outra série de gravuras sobre os temas de uma mãe protegendo seus filhos ou uma mãe com um filho morto.

Durante muitos anos Käthe Kollwitz também trabalhou em um monumento de granito, em memória de seu filho, que retratava seu marido e a si mesma como pais enlutados. Em 1932, foi erguido em um cemitério na Flandres.

Käthe Kollwitz saudou com esperança a Revolução Russa de 1917 e a revolução alemã de 1918, mas acabou desiludida com o comunismo soviético. Durante os anos da República de Weimar, Kollwitz tornou-se a primeira mulher a ser eleita membro da Academia de Artes Prussiana, onde de 1928 a 1933 foi chefe do Master Studio for Graphic Arts.

Apesar destas honras, Käthe Kollwitz continuou se dedicando à arte socialmente eficaz e de fácil compreensão. A ascensão dos nazistas ao poder na Alemanha em 1933 levou à remoção de suas obras expostas em 1934 e 1936.

A última grande série de litografias de Käthe Kollwitz, Morte (1934-36), trata esse tema trágico com formas cada vez mais estreladas e monumentais que transmitem uma sensação de drama. Em 1940, o marido de Kollwitz morreu. O neto amado da artista idosa foi morto em ação em 1942 durante a Segunda Guerra Mundial, e o bombardeio de sua casa e estúdio em 1943 destruiu grande parte do trabalho de sua vida.

Käthe Kollwitz morreu algumas semanas antes do fim da guerra na Europa, em 22 de abril de 1945. O Diário e Cartas de Kollwitz foram publicados em 1988.

Destaques

- Käthe Kollwitz, nome original Käthe Schmidt, cresceu em uma família liberal de classe média e estudou pintura em Berlim (1884-1885) e Munique (1888-1889).
- Impressionada pelas gravuras da colega artista Max Klinger, Käthe se dedicou principalmente à arte gráfica depois de 1890, produzindo gravuras, litografias, xilogravuras e desenhos.
- A morte de seu filho mais novo em batalha em 1914 a afetou profundamente, e ela expressou seu pesar em outro ciclo de gravuras que tratam os temas de uma mãe protegendo seus filhos e de uma mãe com um filho morto.
- De 1924 a 1932, Kollwitz também trabalhou em um monumento de granito para seu filho, que retratava seu marido e a si mesma como pais enlutados. Em 1932 foi erguido como monumento em um cemitério perto de Ypres, Bélgica.
- A última grande série de litografias de Kollwitz, a Morte (1934-1936), trata esse tema trágico com formas austeras e monumentais que transmitem uma sensação de drama.

Questões de pesquisa

---

1. Qual é a escultura mais famosa que você já viu e quem a criou?
2. Quais são algumas esculturas famosas que estão em museus e outros lugares ao redor do mundo?
3. Qual é sua obra de arte favorita de um famoso escultor?

Yayoi Kusama (nascida em 1929)

Artista contemporânea japonesa conhecida por seu extenso uso de pontos de polca

"Acredito que os olhos são motivos muito importantes". Isso é algo que pode discernir a paz e o amor".

A artista japonesa Yayoi Kusama criou pinturas, esculturas, arte performática e instalações. Kusama trabalhou em estilos como Pop art e Minimalismo. Kusama era conhecida por seu uso extensivo de pontos de polca e por suas instalações "infinitas".

Yayoi Kusama nasceu em 22 de março de 1929, em Matsumoto, Japão. Ela começou a pintar quando criança. Mais ou menos ao mesmo tempo, Kusama começou a experimentar alucinações que muitas vezes envolviam campos de pontos. A partir dessa época, ela freqüentemente incorporou pontos em sua arte. Yayoi Kusama tinha pouca formação artística formal. Ela estudou arte apenas brevemente de 1948 a 1949 na Escola de Arte Especialista da Cidade de Kyoto. Em 1957 Kusama mudou-se para os Estados Unidos, onde se estabeleceu na cidade de Nova York. Antes de deixar o Japão, Yayoi Kusama destruiu muitas de suas primeiras pinturas.

Os primeiros trabalhos de Yayoi Kusama em Nova York incluíram o que ela chamou de pinturas de "rede infinita". Eles consistiam de uma rede de milhares de pequenas marcas repetidas através de grandes telas. As marcas foram para as bordas da tela, como se continuassem até o infinito. Esse trabalho logo fez a transição para a arte pop e a arte da performance.

Yayoi Kusama tornou-se uma figura central na vanguarda nova-iorquina. Seu trabalho foi exibido ao lado de artistas como Claes Oldenburg e Andy Warhol.

A repetição obsessiva continuou a ser um tema na escultura e na arte de instalação de Yayoi Kusama no início dos anos 60. Em grande parte deste trabalho, ela cobriria a superfície dos objetos. Por exemplo, na Acumulação Nº 1 (1962), ela cobriu uma poltrona com esculturas pequenas e macias feitas de tecido branco.

Para suas instalações, Yayoi Kusama começou a experimentar enormes espelhos que davam a impressão de infinito. Infinity Mirror Room-Phalli's Field (1965) era uma sala espelhada cujos pisos eram cobertos com centenas de tubos recheados de comprimentos variados que tinham sido pintados com pontos vermelhos. Ela continuaria a usar espelhos em peças posteriores.

Yayoi Kusama usou a arte da performance para explorar as idéias antiguerra, antiestablishment e free-love da época. Ela freqüentemente incluía a nudez pública em sua arte performática. Em Grand Orgy to Awaken the Dead (1969), Kusama pintou pontos nos corpos dos participantes. As pessoas então participaram de uma performance não autorizada no jardim de escultura do Museu de Arte Moderna de Nova Iorque. Os críticos acusaram Yayoi Kusama de intensa autopromoção, e seu trabalho foi regularmente coberto pela imprensa.

Yayoi Kusama voltou para o Japão em 1973. A partir de 1977, por sua própria escolha, ela viveu em um hospital psiquiátrico. Ela continuou a produzir arte e também escreveu poesia e ficção surrealista. Suas obras escritas incluíram The Hustlers Grotto of Christopher Street (1984) e Between Heaven and Earth (1988).

Yayoi Kusama voltou ao mundo da arte internacional em 1989 com exposições em Nova Iorque e Oxford, Inglaterra. Em 1993, ela representou o Japão na Bienal de Veneza com trabalhos que incluíram Mirror Room (Abóbora). Foi uma instalação na qual ela encheu uma sala espelhada com esculturas de abóbora cobertas com seus pontos de assinatura.

Museus nos Estados Unidos e em Tóquio, Japão, fizeram uma grande retrospectiva de suas obras no final dos anos 90. Em 2006, Yayoi Kusama recebeu o prêmio Praemium Imperiale da Associação de Arte Japonesa para pintura. O Museu Whitney de Arte Americana em Nova York ofereceu uma grande retrospectiva de sua obra em 2012. Kusama lançou uma exposição itinerante na América do Norte em 2017. Nesse ano, ela abriu um museu dedicado ao seu trabalho em Tóquio.

Destaques

- Yayoi Kusama, empregou pintura, escultura, arte performática e instalações em uma variedade de estilos, incluindo arte Pop e Minimalismo.
- A partir de 1977, por sua própria escolha, Kusama viveu em um hospital psiquiátrico. Ela continuou a produzir arte durante esse período e também escreveu poesia e ficção surreal, incluindo The Hustlers Grotto of Christopher Street (1984) e Between Heaven and Earth (1988).
- Kusama voltou ao mundo da arte internacional em 1989 com exposições em Nova Iorque e Oxford, Inglaterra.
- Em 1993, ela representou o Japão na Bienal de Veneza com trabalhos que incluíram o Mirror Room (Abóbora), uma instalação na qual ela encheu uma sala espelhada com esculturas de abóbora cobertas com seus pontos de assinatura.

- Em 2006, ela recebeu o prêmio Praemium Imperiale da Associação de Arte Japonesa para pintura.

Questões de pesquisa

---

1. Além de artista, o que você acha que é necessário para uma mulher ter sucesso na profissão masculina de escultura?
2. O que as mulheres que queriam ser escultoras tiveram que enfrentar durante seu tempo como artistas e como isso mudou ao longo do tempo?
3. O que você admira com este artista? Há algo que este artista faz melhor que os outros?

Katharine Hepburn (1907-2003)

Recordista para a maioria dos Prêmios da Academia de Melhor Atriz

"Sem disciplina, não há vida alguma".

Katharine Hepburn, em sua longa carreira no palco e no cinema, nunca perdeu o acento pungente do New England Yankee que enriqueceu suas apresentações. Hepburn trouxe para seus papéis uma profundidade de caráter, e ocasional excentricidade, que a distinguiu da maioria das principais damas.

Katharine Hepburn ganhou mais prêmios da Academia do que qualquer outra intérprete - pela Glória Matinal (1933), Adivinhe Quem Vem Jantar (1967), O Leão no Inverno (1968) e Na Lagoa Dourada (1981).

Katharine Houghton Hepburn nasceu em 12 de maio de 1907, em Hartford, Conn. Ela freqüentou a Faculdade Bryn Mawr, onde Hepburn apareceu em produções de palco. Após a formatura em 1928, Hepburn entrou no mundo do espetáculo e teve uma pequena participação na

Broadway in Night Hostess. Após sucessivas peças durante os quatro anos seguintes, seu papel em The Warrior's Husband (1932) lhe rendeu um contrato de motion-picture com os estúdios RKO. Seu primeiro filme, A Bill of Divorcement (1932), a estabeleceu como uma estrela, e ela apareceu numa rápida sucessão de filmes, incluindo Little Women (1933), Spitfire (1934), Sylvia Scarlett (1936), Stage Door (1937), e Bring Up Baby (1938). Depois de trabalhar no palco em Jane Eyre e The Philadelphia Story, ela voltou a Hollywood para filmar a última peça, que ganhou o prêmio da crítica de cinema de Nova Iorque em 1940.

Em 1942 Katharine Hepburn iniciou sua associação de longa-metragem com Spencer Tracy em Mulher do Ano. Alguns de seus nove filmes com ele foram Sem Amor (1945), Estado da União (1948), Costela de Adão (1949), e Pat e Mike (1952). Seu recorde de 12 indicações ao prêmio da Academia - que se manteve por mais de 20 anos até ser superado por Meryl Streep em 2003 - honrou seu trabalho em Alice Adams (1935), A Rainha Africana (1951), O Fazedor de Chuva (1956), e Longa Viagem à Noite (1962), entre outros. Outras produções de palco foram As You Like It e outras peças shakespeareanas nos anos 50, Coco (1969), e West Side Waltz (1981).

Katharine Hepburn estrelou em vários filmes de televisão nos anos 70, 80 e 90. A última apresentação de Hepburn na tela grande foi em Love Affair (1994). Hepburn morreu em sua casa em Old Saybrook, Conn., em 29 de junho de 2003.

Destaques

- Katharine Hepburn, em plena Katharine Houghton Hepburn, introduziu em seus papéis uma força de caráter antes considerada indesejável nas principais damas de Hollywood.
- Destemido, Hepburn aceitou um papel escrito especificamente para ela na comédia de Philip Barry, The Philadelphia Story, de 1938 na Broadway, sobre uma socialite cujo ex-marido tenta conquistá-la de volta. Foi um grande sucesso, e ela comprou os direitos cinematográficos para a peça. A versão do filme de 1940 - em que ela remontou com Cukor e Grant - foi um sucesso crítico e comercial, e deu início à sua carreira em Hollywood.

- A estatura de Katharine Hepburn aumentou à medida em que ela conquistou triunfos cinematográficos como The African Queen de John Huston (1951), no qual ela interpretou um missionário que escapa das tropas alemãs com a ajuda de um capitão de barco de rio (Humphrey Bogart), e Summertime de David Lean (1955), uma história de amor ambientada em Veneza.
- Katharine Hepburn ganhou um segundo Oscar por Guess Who's Coming to Dinner (1967), um dramedy sobre casamento inter-racial; um terceiro por The Lion in Winter (1968), no qual Hepburn interpretou Eleanor of Aquitaine; e um quarto Oscar sem precedentes por On Golden Pond (1981), sobre New Englanders (Hepburn e Henry Fonda), casados há muito tempo.

Questões de pesquisa

---

1. Quais são alguns de seus pensamentos sobre atrizes que tiveram seu início muito antes do Oscar?
2. Por que mais pessoas não pensam em Katharine Hepburn quando pensam na atriz mais premiada com um Oscar na história?
3. Se você nasceu em outro tempo, você tem alguma habilidade que poderia ter levado a uma carreira premiada?

Louise Nevelson (1899-1988)

Escultora americana conhecida por suas peças de parede monumentais, monocromáticas e de madeira

"Quando você junta coisas, coisas que outras pessoas expulsaram, você está realmente dando-lhes vida - uma vida espiritual que supera a vida para a qual elas foram originalmente criadas".

Louise Nevelson é conhecida por suas esculturas abstratas grandes e monocromáticas e ambientes em madeira e outros materiais.

Louise Berliawsky nasceu em Kyiv (Kiev), Rússia (hoje Kyiv, Ucrânia), em 23 de setembro de 1899. Em 1905 ela se mudou com sua família da Ucrânia para Rockland, Maine. Ela casou-se com o empresário Charles Nevelson em 1920, mas mais tarde deixou seu marido e filho para perseguir suas ambições artísticas. Em 1929 ela começou a estudar com

Kenneth Hayes Miller na Art Students League em Nova Iorque. Em 1931, Louise Nevelson estudou com Hans Hofmann em Munique, Alemanha.

A primeira exposição individual de Louise Nevelson foi realizada na cidade de Nova York em 1941. Suas primeiras esculturas figurativas em madeira, terracota, bronze e gesso mostram uma preocupação com as massas bloqueadas e entrelaçadas que lembram a escultura da América Central (onde ela viajou nos anos 40) e antecipam seu estilo maduro. Foi também no trabalho figurativo que sua característica encontrou objetos pela primeira vez, como traços e apêndices estilizados.

Após longos anos de pobreza e negligência crítica, Louise Nevelson, nos anos 50, desenvolveu seu estilo escultural maduro e começou a ganhar um reconhecimento crítico significativo. Nessa época, Nevelson estava trabalhando quase que exclusivamente com formas abstratas. Ela é mais conhecida por trabalhos que datam deste período - caixas de madeira abertas que são empilhadas para fazer paredes independentes. Dentro das caixas são exibidas coleções cuidadosamente organizadas de objetos em forma abstrata misturados com pernas de cadeiras, pedaços de grades e outros objetos encontrados e pedaços de bricabraque.

As caixas e seu conteúdo são pintadas em uma única cor, geralmente preta, embora ela também colorisse esculturas em branco ou dourado. Estas coleções de escombros arquitetônicos e objetos vagamente reconhecíveis trazem uma sensação de mistério e antiguidade, ao mesmo tempo em que atingem tensões entre os objetos, graças à sua habilidade em arranjá-los. Muitas destas peças trazem títulos místicos (por exemplo, Sky Cathedral, 1958; Silent Music II, 1964; Sky Gate-New York, 1978).

Os principais museus começaram a comprar as esculturas de parede de Louise Nevelson no final dos anos 50. Nas décadas seguintes, ela ganhou reconhecimento como uma das principais escultoras da segunda metade do século 20. Em 1967, a primeira grande retrospectiva de sua obra foi apresentada no Museu Whitney de Arte Americana, em Nova York.

Durante os anos 70 e 80, Louise Nevelson ampliou a variedade de materiais usados em suas esculturas, incorporando objetos feitos de alumínio, Plexiglas e Lucite. Nevelson morreu em 17 de abril de 1988, na cidade de Nova York.

Destaques

- Em 1905 Louise Nevelson se mudou com sua família da Ucrânia para Rockland, Maine.
- Em 1929 ela começou a estudar com Kenneth Hayes Miller na Art Students League em Nova York, e em 1931 ela estudou com Hans Hofmann em Munique.
- A primeira exposição individual de Nevelson foi realizada em Nova Iorque, na Galeria Nierendorf, em 1941.
- Suas primeiras esculturas figurativas em madeira, terracota, bronze e gesso (por exemplo, Ancient Figure, 1932) mostram uma preocupação com as massas bloqueadas e entrelaçadas que lembram a escultura da América Central (onde ela viajou nos anos 40) e antecipam seu estilo maduro.
- Os principais museus começaram a comprar as esculturas de parede de Nevelson no final dos anos 50, e ela foi incluída na exposição histórica "Dezesseis americanos" no Museu de Arte Moderna de Nova Iorque em 1959.

Questões de pesquisa

---

1. O que você escolheria exibir em sua casa se tivesse um orçamento ilimitado para esculturas?
2. Com que escultoras famosas você está familiarizado?
3. Se você pudesse escolher, qual artista você gostaria de ter uma aula na escola e por quê?

Janet Scudder (1869 - 1940)

Escultora e pintora americana mais conhecida por suas esculturas de jardins ornamentais

"Não acredito que os artistas devam ser submetidos a experiências que endureçam a sensibilidade; sem sensibilidade não se pode fazer um bom trabalho".

No início do século 20, a escultora americana Janet Scudder criou fontes e esculturas de jardim altamente populares para muitos clientes privados e instituições públicas. Suas graciosas e divertidas criações tipicamente incluíam figuras de querubins rechonchudos e alegres.

Nascida Netta Deweze Frazee Scudder em Terre Haute, Indiana, em 27 de outubro de 1869, adotou o primeiro nome Janet enquanto freqüentava a Academia de Arte de Cincinnati. Lá ela estudou desenho, anatomia e modelagem e se fixou na escultura em madeira como seu principal interesse. Em 1891 ela se mudou para Chicago, Illinois, e após breve emprego como escultora de madeira, tornou-se assistente de estúdio de Lorado Taft. Ela ajudou Taft a produzir esculturas para a Exposição Colombiana Mundial e, em parte através dele, recebeu comissões para criar estátuas para os edifícios de Illinois e Indiana. Ela estudou e trabalhou em Paris com o escultor norte-americano Frederick MacMonnies antes de se estabelecer em Nova York, onde recebeu sua primeira importante comissão: um selo para a Ordem dos Advogados de Nova York. Outras comissões para decoração arquitetônica e medalhões de retrato se seguiram. Ela retornou a Paris em 1896 e através da MacMonnies vendeu vários de seus medalhões para o Museu de Luxemburgo.

Uma viagem a Florença, onde ela viu pela primeira vez trabalhos de Donatello e Verrocchio, inspirou Scudder a começar a trabalhar em sua Fonte da Rã. Em 1899, ela voltou a Nova York, onde versões do Frog Fountain foram compradas por Stanford White e pelo Metropolitan Museum of Art. Pedidos de mais trabalho chegaram de John D. Rockefeller e outros e fizeram dela uma das escultoras americanas de maior sucesso da época.

Janet Scudder viveu novamente na França desde 1909 até a Primeira Guerra Mundial, quando retornou aos Estados Unidos e tornou-se ativa no trabalho de assistência com o Fundo Lafayette (que ela organizou), a Cruz Vermelha e a Associação Cristã de Jovens Homens. Após a guerra, ela voltou para sua casa em Ville d'Avray, perto de Paris.

Em 1920 Scudder foi eleito um associado da Academia Nacional de Design. Uma exposição de suas pinturas, que foi um interesse de seus últimos anos, foi exibida em Nova York em 1933. Janet Scudder deixou a França pela última vez em 1939 e morreu em Rockport, Massachusetts, em 9 de junho de 1940.

Destaques

- Janet Scudder, nome original Netta Deweze Frazee Scudder, estudou desenho, anatomia e modelagem e se fixou na escultura em madeira como seu principal interesse.

- Ela estudou e trabalhou em Paris com o escultor americano Frederick MacMonnies antes de se estabelecer na cidade de Nova York, onde pouco depois recebeu sua primeira importante comissão, para criar um selo para a Ordem dos Advogados de Nova York.
- Janet Scudder retornou a Paris em 1896 e, através da MacMonnies, vendeu vários de seus medalhões para o Museu de Luxemburgo.
- Sua autobiografia, Modeling My Life, foi publicada em 1925.

Questões de pesquisa

---

1. se você pudesse escolher, de qual artista você gostaria de fazer uma aula e por quê?
2. Você acha que existem artistas femininas famosas suficientes no mundo em geral?
3. Quem é sua escultora favorita, ou uma artista que influenciou muitos outros artistas?

Doris Lessing (1919 - 2013)

Escritor britânico e ganhador do Prêmio Nobel

"O que eu tinha que os outros não tinham era a capacidade de se agarrar a ele".

Os romances e contos da escritora britânica Doris Lessing estão em grande parte preocupados com pessoas envolvidas nas convulsões sociais e políticas do século 20. O romance semiautobiográfico O Caderno de Ouro (1962), no qual uma mulher escritora tenta se reconciliar com a vida de seu tempo através de sua arte, é uma de suas obras mais complexas e mais lidas.

Doris May Lessing nasceu em 22 de outubro de 1919, em Kermanshah, Pérsia (hoje Irã), onde seu pai servia como capitão no exército britânico. A família mudou-se para uma fazenda na Rodésia do Sul (hoje Zimbábue), onde viveu desde 1924 até Lessing se estabelecer na Inglaterra em 1949. Em Pursuit of the English (1960) conta de seus meses iniciais na Inglaterra, e Going Home (1957) descreve sua reação à Rodésia em uma visita de retorno.

Doris Lessing refletiu mais sobre este assunto no African Laughter: Quatro visitas ao Zimbábue (1992). Seus primeiros anos (até 1949) são relatados em Under My Skin (1994), uma autobiografia.

O primeiro livro publicado por Doris Lessing, The Grass Is Singing (1950), é sobre um fazendeiro branco e sua esposa e seu criado africano na Rodésia. Muitos críticos consideram sua série de romances sobre Martha Quest-que também cresce no sul da África e se instala na Inglaterra - seu trabalho mais substancial. Chamada Crianças da Violência, a série compreende Martha Quest (1952), Um Casamento Adequado (1954), Uma Ondulação da Tempestade (1958), Sem Fronteiras (1965), e A Cidade Quatro Portas (1969).

Uma mestre do conto, Doris Lessing publicou várias coleções, incluindo Cinco (1953) e A História de um Homem Não Casado (1972); Este Foi o País do Velho Chefe (1951) e O Sol entre os Pés (1973) contêm muitas de suas histórias africanas.

Doris Lessing se voltou para a ficção científica em uma seqüência de cinco inovações intitulada Canopus in Argos: Archives (1979-83). Os romances O Diário de um Bom Vizinho (1983) e Se o Velho Podesse... (1984) foram publicados sob o pseudônimo Jane Somers para dramatizar os problemas de escritores desconhecidos. Seus romances posteriores incluem O Bom Terrorista (1985), A Quinta Criança (1988), Amor, Novamente (1996), e Ben, no Mundo (2000). O Sonho Mais Doce (2001) é um romance semiautobiográfico ambientado principalmente em Londres, Inglaterra, durante os anos 60, enquanto o romance parábola A Fenda (2007) considera as origens da sociedade humana.

Sua coleção de ensaios Time Bites (2004) mostra seus amplos interesses, desde questões e políticas femininas até o Sufismo. Alfred e Emily (2008) é uma mistura de ficção e memórias centradas em seus pais. Doris Lessing morreu em 17 de novembro de 2013, em Londres.

Destaques

- Em seus primeiros anos de vida adulta, Doris Lessing era uma comunista ativa.
- Em 1994, Lessing publicou o primeiro volume de uma autobiografia, Under My Skin; um segundo volume, Walking in the Shade, apareceu em 1997.
- Seu primeiro livro publicado, The Grass Is Singing (1950), é sobre um fazendeiro branco e sua esposa e seu criado africano na Rodésia.
- Entre suas obras mais substanciais está a série Children of Violence (1952-1969), uma seqüência de cinco novelas que se concentra em Martha Quest, que cresce no sul da África e se estabelece na Inglaterra.
- Doris Lessing foi agraciada com o Prêmio Nobel de Literatura em 2007.

Questões de pesquisa

---

1. Se você tivesse uma filha, irmã ou sobrinha, você acha que elas enfrentariam dificuldades em sua carreira por causa de seu sexo? Por que não?
2. Qual é seu trabalho escrito favorito, sempre independente, criativo e feminino e por quê?
3. Qual escritora famosa merece mais crédito em sua opinião?

J. K. Rowling (nascido em 1965)

Autor britânico que criou a série The Harry Potter

"Você começa a pensar que tudo é possível se você tiver coragem suficiente".

J.K. Rowling captou a imaginação tanto de crianças quanto de adultos com sua série de livros mais vendidos sobre Harry Potter, um jovem feiticeiro em treinamento. Os livros foram aclamados pela crítica, além de serem muito populares, e foram creditados com a geração de um novo interesse pela leitura entre as crianças, o público a que os livros se destinam.

Joanne Rowling nasceu em 31 de julho de 1965, em Yate, perto de Bristol, Inglaterra. Rowling cresceu em Chepstow, Gwent, País de Gales, onde escreveu sua primeira história aos 6 anos de idade. Após graduar-se na Universidade de Exeter em 1986, Rowling começou a trabalhar para a Anistia Internacional em Londres. A idéia das histórias de Harry Potter chegou a ela durante uma viagem de trem em 1990, e ela começou a escrever a aventura mágica enquanto estava sentada em cafés e pubs.

No início dos anos 90, Rowling viajou para Portugal para ensinar inglês como língua estrangeira, mas após um breve casamento e o nascimento de sua filha, ela voltou para o Reino Unido, estabelecendo-se em Edimburgo, Escócia. Vivendo de assistência pública entre as aulas de francês, ela continuou a escrever, muitas vezes em pedaços de papel e guardanapos.

Após ser rejeitado por várias editoras, o primeiro manuscrito da Rowling foi comprado pela Bloomsbury Children's Books em 1996. Harry Potter and the Philosopher's Stone (1997), que era conhecido nos Estados Unidos como Harry Potter and the Sorcerer's Stone, foi um sucesso imediato. Foi lançado sob o nome de J.K. Rowling. (Sua editora recomendou um nome de caneta neutro em termos de gênero; ela usou J.K., acrescentando o nome do meio Kathleen).

Apresentando descrições vívidas e uma linha de história imaginativa, ela seguiu as aventuras do improvável herói Harry Potter, um órfão solitário que descobre que ele é realmente um feiticeiro e se matricula na Escola de Bruxaria e Feitiçaria de Hogwarts. O livro recebeu inúmeros prêmios, incluindo o British Book Award. Todos os seis volumes seguintes - Harry Potter e a Câmara dos Segredos (1998), Harry Potter e o Prisioneiro de Azkaban (1999), Harry Potter e o Cálice de Fogo (2000), Harry Potter e a Ordem da Fênix (2003), Harry Potter e o Príncipe Meio-Sangue (2005), e Harry Potter e os Salões da Morte (2007) também foram best-sellers, disponíveis em mais de 200 países e cerca de 60 idiomas.

Rowling escreveu os livros companheiros Fantastic Beasts & Where to Find Them and Quidditch Through the Ages (ambos de 2001) e The Tales of Beedle the Bard (2008), com os lucros indo para a caridade.

Um filme baseado no primeiro livro de Harry Potter, lançado em novembro de 2001, bateu os recordes de bilheteria de seu primeiro final de semana bruto, tanto no Reino Unido como na América do Norte.

Seguiu-se uma série de sequelas. Mais tarde, Rowling cowboys escreveu uma história que se tornou a base para a peça Harry Potter and the Cursed Child, que estreou em 2016 e foi um sucesso crítico e comercial. Uma versão em livro do roteiro, que foi anunciada como a oitava história da série Harry Potter, foi publicada em 2016.

Depois de completar a série Harry Potter, Rowling começou a escrever ficção destinada a adultos. Em 2012, Rowling publicou The Casual Vacancy, uma sátira social contemporânea, ambientada em uma pequena cidade inglesa. No ano seguinte, foi revelado que o autor escreveu o romance policial The Cuckoo's Calling, usando o pseudônimo Robert Galbraith. O livro se centrava no detetive Cormoran Strike, um veterano de guerra com pouca sorte. The Silkworm, o segundo livro da série, foi lançado em 2014. Uma terceira entrada na série, Career of Evil, foi publicada no ano seguinte.

Rowling foi nomeado um oficial do Império Britânico em 2001. Em 2009 ela foi nomeada chevalier da Legião de Honra francesa.

Destaques

- Após graduar-se na Universidade de Exeter em 1986, Rowling começou a trabalhar para a Anistia Internacional em Londres, onde começou a escrever as aventuras de Harry Potter.
- O primeiro livro da série Harry Potter, Harry Potter and the Philosopher's Stone (1997; também publicado como Harry Potter and the Sorcerer's Stone), foi lançado sob o nome de J.K. Rowling.
- Uma versão em livro do roteiro, que foi anunciada como a oitava história da série Harry Potter, foi publicada em 2016.
- Em maio de 2020, durante a pandemia da COVID-19, Rowling começou a publicar em série um novo livro infantil, O Ickabog, gratuitamente online; foi então publicado em novembro.

Questões de pesquisa

---

1. Que livros você recomendaria?
2. Como você acha que o mundo moderno influencia os artistas?

3. Quais são alguns filmes recentes com atrizes que desempenharam papéis de destaque como criativas no centro (escritores, pintores, músicos...)

Margaret Atwood (nascida em 1939)

Escritor canadense

"Uma voz é um dom humano; deve ser acarinhada e usada, para proferir um discurso totalmente humano, tanto quanto possível". A impotência e o silêncio caminham juntos".

A poetisa, romancista e escritora de contos canadense Margaret Atwood foi conhecida por sua prosa de ficção. Ela trouxe uma perspectiva feminista para grande parte de seu trabalho.

Margaret Eleanor Atwood nasceu em 18 de novembro de 1939, em Ottawa, Ontário, Canadá. Enquanto crescia, viveu em Toronto, Ontário, mas passou muito tempo na região selvagem do extremo norte do Canadá, onde seu pai entomologista conduzia pesquisas.

Margaret Atwood começou a escrever quando tinha cinco anos e retomou seus esforços, mais seriamente, uma década depois. Após completar seus estudos universitários na Victoria College da Universidade de Toronto, Atwood obteve um mestrado em literatura inglesa pela Radcliffe College em Massachusetts em 1962.

Margaret Atwood era talvez mais conhecida por seus romances, que geralmente incorporam a inversão de papéis e novos começos. Uma de suas obras mais populares é The Handmaid's Tale (1985). O livro é construído em torno do registro escrito de uma mulher que vive em escravidão sexual em uma teocracia cristã repressiva do futuro que tomou o poder na esteira de uma convulsão ecológica. The Handmaid's Tale foi transformado em filme em 1990 e em ópera em 2000. A Atwood cowprotegeu uma série de TV baseada no romance. Estreou em 2017. Também popular é The Blind Assassin (2000), que ganhou o prestigioso Booker Prize da Grã-Bretanha. A história se concentra nas memórias de uma mulher canadense idosa que parece estar escrevendo a fim de se livrar da confusão sobre o suicídio de sua irmã e seu próprio papel na publicação póstuma de um romance supostamente escrito por sua irmã.

Outros romances de Margaret Atwood incluem o surreal A Mulher comestível (1969), Surfacing (1972; filme 1981), Lady Oracle (1976), Cat's Eye (1988), e The Robber Bride (1993; filme de televisão 2007). Alias Grace (1996) é um relato fictício de uma garota canadense da vida real que foi condenada por dois assassinatos em um julgamento sensacionalista de 1843.

Margaret Atwood e Sarah Polley escreveram uma minissérie de TV baseada no livro, que foi ao ar em 2017. O romance de 2005 de Atwood, The Penelopiad: O Mito de Penélope e Odisseu, foi inspirado na Odisséia de Homero.

Margaret Atwood também produziu uma trilogia distópica. Em Oryx and Crake (2003), ela descreve um apocalipse induzido pela peste num futuro próximo através das observações e flashbacks de talvez o único sobrevivente do evento. Personagens menores daquele livro recontam o conto distópico a partir de suas perspectivas em O Ano da Inundação (2009).

Margaret Atwood continuou a história com MaddAddam (2013), o último romance da trilogia. Ela publicou originalmente o romance The Heart

Goes Last (2015) como um e-book em série em 2012-13. O livro imagina uma América distópica na qual um casal é obrigado a se juntar a uma comunidade que funciona como uma prisão. Hag-Seed (2016) reconta The Tempest de William Shakespeare.

Margaret Atwood publicou The Testaments, uma continuação de The Handmaid's Tale, em 2019. Ela compartilhou o Booker Prize for The Testaments (junto com Bernardine Evaristo para Menina, Mulher, Outro), tornando-se apenas a quarta pessoa a ganhar o prêmio duas vezes.

As coleções de poesia de Margaret Atwood incluem Os Animais naquele País (1968), Poemas de Duas Cabeças (1978), Interlunar (1984), Manhã na Casa Queimada (1995), e A Porta (2007). Seus contos aparecem em volumes tais como Dancing Girls (1977), Bluebeard's Egg (1983), Wilderness Tips (1991), Moral Disorder (2006), e Stone Mattress (2014). As obras de Atwood que não são de ficção incluem Negociando com os Mortos: Um Escritor sobre Escrita (2002). Payback (2008; filme 2012) é um ensaio sobre dívida pessoal e governamental. Na obra In Other Worlds: SF and the Human Imagination (2011), Atwood ilumina sua relação com a ficção científica.

Seus livros infantis incluem Up in the Tree (1978), Princess Prunella and the Purple Peanut (1995), e Wandering Wenda and Widow Wallop's Wunderground Washery (2011).

Margaret Atwood também escreveu o libreto para a ópera Pauline - sobre a poetisa nativa canadense Pauline Johnson - que estreou no Canadá em 2014.

Além de escrever, Margaret Atwood ensinou literatura inglesa em várias universidades canadenses e americanas. Atwood ganhou muitas honrarias e prêmios ao longo de sua carreira como escritora.

Destaques

- Nas primeiras coleções de poesia de Margaret Atwood, Double Persephone (1961), The Circle Game (1964, revisado em 1966), e The Animals in That Country (1968), Atwood pondera o comportamento humano, celebra o mundo natural, e condena o materialismo.

- Em 2019 The Testaments, uma seqüência de The Handmaid's Tale, foi publicada para aclamação da crítica e foi uma covarde (com Bernardine Evaristo's Girl, Woman, Other) do Booker Prize.
- Sua não-ficção inclui Negociar com os Mortos: Um Escritor sobre Escrita (2002), que surgiu de uma série de palestras que ela deu na Universidade de Cambridge; Payback (2008; filme 2012), um ensaio apaixonado que trata a dívida - tanto pessoal quanto governamental - como uma questão cultural e não como uma questão política ou econômica; e Em Outros Mundos: SF e a Imaginação Humana (2011), no qual ela iluminou sua relação com a ficção científica.
- Ela ganhou o prêmio PEN Pinter em 2016 pelo espírito de ativismo político que arremessou sua vida e suas obras.

Questões de pesquisa

---

1. Que outras escritoras famosas você já leu ou ouviu falar, e em que gênero elas escrevem?
2. Se você pudesse conhecer uma artista feminina, qual você escolheria? Por que ela?
3. Você já leu algum livro que apresenta uma escritora como protagonista e/ou tem um grande foco nas questões de direitos da mulher? O que você pensa sobre essas questões, se sim?

Agatha Christie (1890-1976)

romancista e dramaturgo detetive inglês

"O impossível não poderia ter acontecido, portanto o impossível deve ser possível apesar das aparências".

A maioria dos romances de detetive e dramaturgo inglês Agatha Christie's aproximadamente 75 romances se tornaram best-sellers; traduzidos em 100 idiomas, eles venderam mais de 100 milhões de cópias.

Christie nasceu Agatha Miller em 15 de setembro de 1890, em Devon, Inglaterra. A publicação de seu primeiro romance, The Mysterious Affair at Styles (1920), apresentou ao mundo Hercule Poirot, um dos mais famosos de todos os nomes da ficção policial. Sua outra detetive famosa,

Miss Jane Marple, apareceu pela primeira vez em Murder at the Vicarage (1930). Suas peças incluem The Mousetrap (1952), que estabeleceu um recorde mundial para a mais longa corrida contínua em um teatro, e Witness for the Prosecution (1953; filme, 1958).

Seu casamento com o Coronel Archibald Christie, em 1914, terminou em divórcio em 1928. Em 1930 Agatha Christie casou-se com o arqueólogo Sir Max Mallowan. Christie foi criada como Dama do Império Britânico em 1971. Agatha Christie morreu em Wallingford, Oxfordshire, em 12 de janeiro de 1976.

Destaques

- Agatha Christie, em plena Dama Agatha Mary Clarissa Christie, de solteira Miller, foi educada em casa por sua mãe.
- Christie começou a escrever ficção policial enquanto trabalhava como enfermeira durante a Primeira Guerra Mundial. Seu primeiro romance, The Mysterious Affair at Styles (1920), apresentou Hercule Poirot, seu excêntrico e egoísta detetive belga; Poirot reapareceu em cerca de 25 romances e muitos contos antes de retornar a Styles, onde, em Cortina (1975), morreu.
- O primeiro grande reconhecimento da Christie veio com O assassinato de Roger Ackroyd (1926), seguido por cerca de 75 romances que normalmente faziam listas de best-sellers e eram seriados em revistas populares na Inglaterra e nos Estados Unidos.
- Outras adaptações notáveis do filme incluíram E Então Não Havia Nenhum (1939; filme 1945), Assassinato no Expresso do Oriente (1933; filme 1974 e 2017), Morte no Nilo (1937; filme 1978), e O Rachadura no Espelho de Lado a Lado (1952; filme [The Mirror Crack'd] 1980).

Questões de pesquisa

---

1. Você gostaria de ter visto mais da história dela nos filmes e jogos que foram feitos sobre sua vida e trabalho?
2. Além da escrita, que outras contribuições culturais você acha que ela fez para a sociedade, por exemplo, como artista?
3. Se você estivesse encalhado em uma ilha deserta, que mulher você gostaria de ter ao seu lado?

Alexandra Danilova (1903-1997)

Bailarina russa conhecida por sua vivacidade e talento teatral

A bailarina russa Alexandra Danilova trouxe para o balé americano o treinamento e as tradições tanto do repertório clássico russo como do moderno Sergei Diaghilev. Seu charme e versatilidade fizeram dela uma das bailarinas mais celebradas durante os anos 30 e 40. Após aposentar-se como bailarina, Danilova tornou-se uma professora influente e também encenou balés.

Alexandra Dionisyevna Danilova nasceu em 20 de novembro de 1903, em Peterhof (hoje Petrodvorets), Rússia. Ela freqüentou a Escola Imperial (mais tarde estatal) de Ballet em Petrograd (hoje São Petersburgo), onde Danilova estudou na Agrippina Vaganova.

Alexandra Danilova formou-se no Corpo de Baile do Ballet Estatal Soviético e tornou-se solista no Mariinsky (Kirov) Ballet em 1922-23. Em 1924, ela visitou a Europa Ocidental com um pequeno conjunto de balé encabeçado por George Balanchine. O grupo inteiro juntou-se ao

Diaghilev's Ballets Russes e nunca mais voltou à Rússia. Alexandra Danilova logo se destacou na companhia de Diaghilev, criando papéis de liderança em Apollon Musagète, La Pastorale e The Triumph of Neptune.

Após a morte de Diaghilev em 1929, Danilova juntou-se ao Monte Carlo Opera Ballet, e em 1931-32 ela se apresentou na opereta Waltzes de Viena em Londres. Em 1933 ela se juntou ao Coronel Wassily de Basil's Ballet Russe de Monte Carlo, e nesse mesmo ano ela fez sua estréia americana e fez uma extensa turnê pelos Estados Unidos.

Em 1938, Alexandra Danilova deixou a empresa de Basil para se tornar a bailarina principal de Léonide Massine e Serge Denham's Ballet Russe de Monte Carlo, onde dançou frequentemente com Frederic Franklin. Danilova apareceu como artista convidada em várias companhias de ballet, incluindo Sadler's Wells Ballet.

Com sua própria empresa, Alexandra Danilova visitou os Estados Unidos, Canadá, Japão, Filipinas e África do Sul de 1954 a 1956. Ela ganhou nota tanto por seu extenso repertório, variando de papéis românticos a abstratos de Balanchine, quanto pela individualidade de suas caracterizações, particularmente a bailarina de rua em Le Beau Danube, a vendedora de luvas em Gaîté Parisienne, Odette em Swan Lake, e Swanilda em Coppélia.

Após sua aposentadoria das apresentações em 1957, Danilova ensinou, fez turnês de palestras e apareceu em comédias musicais, incluindo Oh Capitão! (1958). Danilova desempenhou um papel pequeno mas significativo no filme The Turning Point (1977). Como professora da School of American Ballet de 1964 a 1989, ela defendeu as tradições do balé clássico, ajudando a integrá-las aos novos estilos de balé que estavam sendo desenvolvidos.

Alexandra Danilova encenou trechos dos balés clássicos para as oficinas anuais da escola e encenou, com Balanchine, a Coppélia completa para o Ballet da cidade de Nova York em 1974-75. A Danilova também encenou balés para outras empresas, incluindo a Metropolitan Opera e La Scala, em Milão. Ela morreu em 13 de julho de 1997, na cidade de Nova York.

Destaques

- Alexandra Danilova freqüentou as escolas de Ballet Estatal Russo Imperial e Soviético em Leningrado, onde estudou na Agrippina Vaganova e se tornou solista no Teatro Mariinsky (antigo Kirov).
- Danilova apareceu como artista convidada com várias companhias de ballet, incluindo Sadler's Wells Ballet, e com sua própria companhia (Great Moments of Ballet, 1954-56) excursionou pelo Japão, Filipinas e África do Sul.
- Alexandra Danilova ganhou nota tanto por seu extenso repertório, variando de papéis românticos a abstratos de Balanchine, quanto pela individualidade de suas caracterizações, particularmente a bailarina de rua em Le Beau Danube, a vendedora de luvas em Gaîté Parisienne, Odette em Swan Lake, e Swanilda em Coppélia.
- Ela também apareceu na comédia musical (Oh Captain!, 1958), ensinou, e fez turnês de palestras.
- Alexandra Danilova desempenhou um papel pequeno mas significativo no filme "The Turning Point" (1977).

Questões de pesquisa

---

1. Quem são algumas de suas coreógrafas e bailarinas favoritas para admirar?
2. O que significa ser uma mulher no campo da dança, em 2021?
3. Qual é a coisa mais desafiadora de ser um dançarino?
4. Quanto tempo você acha que leva para aprender a arte da dança, especificamente o balé?

MIsty Copeland (nascido em 1982)

Primeira bailarina afro-americana a se tornar uma bailarina principal no American Ballet Theatre

"Saber que isso nunca foi feito antes me dá ainda mais vontade de lutar".

Misty Copeland tornou-se em 2015 a primeira bailarina principal afro-americana do American Ballet Theatre (ABT). Sua história inspiradora fez dela um modelo para incontáveis jovens.

Misty Copeland nasceu em 10 de setembro de 1982, em Kansas City, Missouri. Quando era jovem, ela se mudou com sua mãe e seus irmãos para San Pedro, Califórnia. Lá ela se juntou à equipe de perturação de sua escola média. O treinador da equipe notou seu talento e recomendou que ela freqüentasse aulas de balé ministradas por Cynthia Bradley no Boys & Girls Club local. Bradley rapidamente reconheceu a habilidade natural de Copeland, e Misty Copeland começou a ter aulas com Bradley na Escola de Ballet de San Pedro.

Quando seu treinamento se tornou mais intensivo, Misty Copeland mudou-se com Bradley e sua família para estar mais perto do estúdio. Em 1998, aos 15 anos, Misty Copeland ganhou o primeiro prêmio na categoria de balé do Los Angeles Music Center Spotlight Awards. Naquele verão Copeland foi aceita com uma bolsa de estudos integral no programa intensivo de verão no San Francisco Ballet.

Em 1998, foi travada uma batalha de custódia entre os Bradleys e a mãe de Copeland. Misty Copeland voltou a morar com sua família e começou a freqüentar a escola secundária de San Pedro. Ela continuou estudando balé no Centro de Balé Lauridsen em Torrance, Califórnia.

Em 2000, Misty Copeland ganhou outra bolsa de estudos completa, desta vez para o programa de verão da ABT. Nesse ano ela também foi nomeada bolsista nacional da ABT para a Coca-Cola. No final do verão, Copeland foi convidada a ingressar na empresa de estúdio ABT, um programa seletivo para jovens dançarinos ainda em treinamento. Em 2001 ela se tornou membro da companhia de ballet da ABT, a única mulher afro-americana de um grupo de 80 bailarinos.

Em 2007, Misty Copeland tornou-se a primeira solista afro-americana da empresa em duas décadas (Anne Benna Sims e Nora Kimball a precederam). Copeland desempenhou papéis notáveis em The Firebird (2012), Le Corsaire (2013), Coppélia (2014), e Swan Lake (2014). Em 2015, a ABT a escolheu para ser a primeira dançarina principal negra nos 75 anos de história da empresa.

Com seu sucesso no balé, Misty Copeland começou a se apresentar em outros locais. Em 2015 ela fez sua estréia na Broadway no musical On the Town de Leonard Bernstein. Em 2018 ela fez sua estréia no longa-metragem, interpretando a princesa bailarina em The Nutcracker and the

Four Realms, uma adaptação do balé do século 19 de Pyotr Illyich Tchaikovsky.

Misty Copeland também preencheu seu tempo com várias outras atividades. Em 2009, ela apareceu em um videoclipe para a canção "Crimson and Clover" do Príncipe. Ela se apresentou ao vivo com ele em sua turnê no ano seguinte. Copeland tornou-se uma forte defensora da diversificação do campo do balé e da criação de acesso para dançarinos de diferentes origens raciais e econômicas.

Misty Copeland fez parte do comitê consultivo do programa ABT, oferecendo treinamento e orientação para professores de dança em comunidades racialmente diversas ao redor do país, bem como em clubes de meninos e meninas. Com o crescimento de sua popularidade, a Copeland começou a endossar produtos. A Copeland publicou as memórias Life in Motion: Uma bailarina pouco provável em 2014.

Destaques

- A história inspiradora de Misty Copeland fez dela um modelo a ser seguido e um ícone pop.
- Copeland tornou-se um forte defensor da diversificação do campo do balé e da criação de acesso para bailarinos de diferentes origens raciais e econômicas.
- Misty Copeland fez parte do comitê consultivo do Projeto Plié da ABT, um programa (iniciado em 2013) que oferece treinamento e orientação para professores de dança em comunidades racialmente diversas em todo o país, bem como em clubes de meninos e meninas.
- Ela publicou o livro de memórias Life in Motion: An Unlikely Ballerina (2014) e teve endossos com empresas como Coach (acessórios de couro) e Under Armour (roupas esportivas).
- Em agosto daquele ano, Copeland teve sua estréia na Broadway no papel de Ivy Smith no musical On the Town de Leonard Bernstein.

Questões de pesquisa

---

1. Quais são alguns aspectos positivos de ser um bailarino?
2. Se você pudesse mudar uma coisa sobre a dança, o que seria e por quê?
3. Você tem algum coreógrafo ou estrela favorito que o inspire a difundir a consciência de sua forma de arte para outros e tentar coisas novas em termos de criatividade?

Josephine Baker (1906 - 1975)

Dançarina francesa nascida nos Estados Unidos, famosa por suas apresentações teatrais

"Você deve receber uma educação. Você deve ir à escola, e deve aprender a se proteger. E você deve aprender a se proteger com a caneta, e não com a arma".

Uma personalidade vibrante que viveu sua vida tão apaixonadamente quanto se apresentava no palco, Josephine Baker, a primeira diva da dança popular moderna, cujas produções se encheram de sexualidade e exuberância física como nunca antes, cativou o público europeu nas décadas de 1920 e 1930 e influenciou gerações de intérpretes a viajar para a Europa.

Freda Josephine nasceu em um gueto de St. Louis, Missouri, em 3 de junho de 1906, para Carrie McDonald e Eddie Carson. Seus pais eram solteiros, e seu pai, um músico local, logo abandonou a família. Josephine e sua família viviam em extrema pobreza, e ela deixou a escola aos 8 anos de idade para trabalhar para viver.

Antes dos 14 anos de idade, Josephine havia deixado sua casa familiar e se casado com seu primeiro marido, Willie Wells. A união impulsiva logo terminou quando ela se juntou a um show itinerante de vaudeville. A ocupação mostrou-se mais rigorosa do que glamorosa, mas Josephine aproveitou o trabalho com animadores experientes para desenvolver suas habilidades de dança.

Em 1921, a trupe chegou à Filadélfia, Pensilvânia, onde Josephine conheceu e se casou com seu segundo marido, William Howard Baker. Josephine Baker tinha 15 anos de idade.

Em 1925, Baker estava se apresentando em várias produções de palco na cidade de Nova York quando se juntou à trupe da Revue Nègre, que se apresentaria em Paris, França. A Revue Nègre abriu em 2 de outubro de 1925, no Théâtre des Champs-Elysées. O número de dança semi-nudo e exótico de Baker eletrificou o público francês insuspeito.

Josephine Baker logo se tornou a raiva de Paris, e suas apresentações subseqüentes - caracterizadas por fantasias reveladoras, danças desinibidas e canções de jazz escaldantes - foram regularmente exibidas em famosas casas noturnas como a Folies-Bergère e o Casino de Paris, mais sofisticado. Artistas e escritores como Pablo Picasso, Langston Hughes e Ernest Hemingway elogiaram sua beleza, graça e magnetismo físico.

Para muitos espectadores, Josephine Baker (que foi apelidada de "Vênus Negra") e suas performances arriscadas vieram para simbolizar o que os europeus percebiam como o primitivismo exótico da África.

Na esteira de seu sucesso inicial, Josephine Baker fez vários filmes na França e logo depois embarcou em uma longa viagem pela Europa e América do Sul. Sua fama cresceu em todo o mundo, mas ela ansiava por estender sua gama de atuação além da dança exótica, e trabalhou incansavelmente para lapidar suas habilidades de canto e dança.

O início da década de 1930 provou ser alguns de seus anos mais produtivos. Seu canto melhorou drasticamente, e Josephine Baker lançou uma dúzia de discos de 1931 a 1935. Baker também apareceu nos filmes aclamados pela crítica ZouZou (1934) e Princesa Tam-Tam (1935).

Josephine Baker aperfeiçoou continuamente seu número de palco e acabou aparecendo sozinha em seus próprios espetáculos. Embora as aparições de Baker no palco e em público ainda se distinguissem pelos trajes elaborados e comportamento ultrajante que caracterizaram seus espetáculos nos anos 1920, Baker ganhou o respeito da comunidade artística da Europa e se tornou um verdadeiro ícone cultural francês.

Josephine Baker voltou para os Estados Unidos em 1935. Apesar de toda sua fama no exterior, ela foi incapaz de capturar o mesmo tipo de adulação crítica e pública no país racialmente segregado de seu nascimento. Ao contrário de muitos artistas negros de sua idade, Baker recusou-se a sofrer a indignidade da segregação em silêncio, e sua franqueza a tornou mais controversa do que popular. Embora ela tenha feito repetidas viagens aos Estados Unidos durante sua carreira, Baker nunca considerou seriamente um retorno permanente.

Josephine Baker não sofreu o mesmo nível de discriminação racial e preconceito na França, e quando ela se casou com um próspero francês em 1937 (eles se divorciaram em 1942), ela se tornou de bom grado cidadã francesa. No início da Segunda Guerra Mundial, Baker, cujo status de atriz lhe permitia mais liberdade para viajar pela Europa do que a maioria, serviu seu novo país como espiã da Resistência Francesa.

Josephine Baker fez sua casa no Marrocos durante a ocupação alemã, e muitas vezes entreteve as tropas aliadas no norte da África. Após a guerra, ela recebeu a Medalha da Resistência e a Legião de Honra em reconhecimento a seus esforços patrióticos de guerra.

Josephine Baker continuou a atuar após a guerra, mas ela também se tornou cada vez mais engajada em atividades humanitárias. Ela trabalhou como ativista dos direitos civis tanto na Europa quanto nos Estados Unidos. Ela estabeleceu uma propriedade em Les Milandes, seu castelo do século XV, com a intenção de criar uma comunidade ideal para crianças de diferentes etnias.

Josephine Baker casou-se com o líder da orquestra Jo Bouillon em 1947, e o casal viajou pelos Estados Unidos em 1948 e em 1951. Durante as turnês, Baker atraiu muita atenção pública negativa por sua postura contra a segregação. Ela recusou-se a se apresentar em locais segregados e conseguiu forçar a integração de vários teatros e casas noturnas.

Entre 1954 e 1965, Josephine Baker adotou 12 crianças de diferentes origens étnicas e nacionalidades. Em 1956, ela se aposentou do show business para cuidar de sua crescente criação, mas foi obrigada a retornar em 1959 para manter seu patrimônio financeiramente. Além do trabalho e da família, ela permaneceu ativa no movimento de direitos civis, retornando aos Estados Unidos para falar na Marcha de 1963 em Washington e para dar numerosas apresentações beneficentes.

Os últimos anos de Josephine Baker foram atormentados por dificuldades financeiras e saúde precária. Ela sofreu seu primeiro ataque cardíaco enquanto se apresentava na Dinamarca em 1964. Em 1969, Les Milandes foi apreendida para pagar suas dívidas, e a subsequente venda do castelo e seus móveis trouxe muito pouco dinheiro.

Para sustentar sua família, Josephine Baker voltou em 1973 que culminou com uma aparição muito bem sucedida no Carnegie Hall, na cidade de Nova Iorque. Ela estava se apresentando na Dinamarca mais tarde naquele ano, quando Baker sofreu seu segundo ataque cardíaco e seu primeiro derrame.

Em abril de 1975, Josephine Baker voltou a Paris para a abertura da "Josephine", uma produção teatral que se baseava em sua vida. No dia seguinte à sua participação numa celebração em homenagem aos 50 anos de sua estréia em Paris, ela sofreu uma enorme hemorragia cerebral e morreu sem recuperar a consciência em 12 de abril de 1975.

Seu funeral televisionado pelo estado atraiu 20.000 lamentadores. Josephine Baker foi a única mulher americana a receber uma saudação oficial de vinte e uma armas do governo francês. Após o funeral público em Paris, Baker foi enterrada em um cemitério em Mônaco.

Destaques

- Entre 8 e 10 anos, Josephine Baker estava fora da escola, ajudando a sustentar sua família. Quando criança, Josephine Baker desenvolveu um gosto pelo flamboyant que mais tarde a tornaria famosa.
- Em 1923, Baker juntou-se ao refrão em uma companhia de estrada apresentando a comédia musical Shuffle Along e depois se mudou para Nova York, onde avançou constantemente através do show Chocolate Dandies na Broadway e do show de chão do Plantation Club.
- Em 1925, Baker foi a Paris para dançar no Théâtre des Champs-Élysées em La Revue Nègre e introduziu sua dança sauvage na França.
- Josephine Baker cantou profissionalmente pela primeira vez em 1930, fez sua estréia como cantora quatro anos depois em Zouzou, e fez vários outros filmes antes que a Segunda Guerra Mundial encurtasse sua carreira.
- Sua vida foi dramatizada no filme de televisão The Josephine Baker Story (1991) e foi exibida no documentário Joséphine Baker.

Questões de pesquisa

---

1. Você costuma dançar por diversão ou não - e por quê?
2. Qual é sua rotina favorita de música ou dança que uma dançarina famosa fez?
3. Quais são os benefícios de assistir apresentações de dança?
4. Existe um livro que você leu que o inspirou a aprender mais sobre dança?

Livros

Nossos livros estão disponíveis em todos os principais revendedores de livros on-line. Confira os pacotes digitais de nossos livros aqui: https://payhip.com/studentPressBooksPTBR

A série de livros História da Negritude

Bem-vindo à série de livros História da Negritude. Conheça negros que são exemplos de conduta com estas biografias inspiradoras sobre negros inovadores da América, África e Europa. Todos nós sabemos que a História da Negritude é importante, mas pode ser difícil encontrar boas fontes.

Muitos de nós estamos familiarizados com uma desconfiança habitual em relação aos livros de cultura e história que apenas apresentam personagens muito populares, mas estes livros também apresentam heróis negros menos conhecidos e heroínas do mundo inteiro cujas histórias merecem ser contadas. Estes livros de biografia o ajudarão a entender melhor como o sofrimento e as ações das pessoas moldaram seus países e comunidades para gerações futuras.

Títulos disponíveis:

1. 21 Heróis Negros Inspiradores: A vida de Realizadores Importantes do século 20: Martin Luther King Jr., Malcolm X, Bob Marley & Outros
2. 21 Heroínas Negras Excepcionais: História de Negras Importantes do Século 20: Daisy Bates, Maya Angelou & Outras

A série de livros Empoderamento Feminino.

Bem-vindo à série de livros Empoderamento Feminino. Aprenda sobre modelos femininos destemidos dos tempos modernos com estas biografias inspiradoras de homens e mulheres inovadoras do mundo inteiro. O empoderamento feminino é um tópico importante que merece mais atenção do que recebe. Durante séculos foi dito às mulheres que seu lugar é no lar, mas isto nunca foi verdade para todas as mulheres ou mesmo para a maioria delas.

As mulheres ainda estão sub representadas nos livros de história e as que são apresentadas tendem a ser relegadas a algumas páginas. No entanto, a história está repleta de histórias de mulheres fortes, inteligentes e independentes que superaram obstáculos e mudaram o curso da história simplesmente porque queriam viver suas próprias vidas.

Estes livros biográficos o inspirarão enquanto também ensinam lições valiosas sobre perseverança e superação de adversidades! Aprenda com estes exemplos que tudo é possível se você trabalhar duro o suficiente para isso!

Títulos disponíveis:

1. 21 Mulheres Excepcionais: A vida de Lutadores pela Liberdade e Rompedoras de Barreiras: Angela Davis, Marie Curie, Jane Goodall & Outras
2. 21 Mulheres Inspiradoras: A Vida de Mulheres Corajosas e Influentes do Século 20: Kamala Harris, Madre Teresa & Mais
3. 21 Mulheres Fantásticas: A Vida Inspiradora de Artistas Criativas do Século 20: Madonna, Yayoi Kusama & Mais
4. 21 Mulheres Incríveis: As Vidas Influentes de Mulheres Ousadas na Ciência do Século 20

A série de livros dos Líderes Mundiais.

Bem-vindo à série de livros dos Líderes Mundiais. Descubra os modelos de conduta reais e presidenciais do Reino Unido, EUA e outros países. Com estas biografias inspiradoras sobre as famílias reais, presidentes e chefes de estado você aprenderá sobre as pessoas corajosas que ousaram liderar, incluindo citações, fotos e fatos raros.

As pessoas são fascinadas pela história e pela política e por aqueles que a moldaram. Estes livros apresentam novas perspectivas sobre a vida de figuras notáveis. Esta série é perfeita para qualquer um que queira aprender mais sobre os grandes líderes de nosso mundo; jovens leitores ambiciosos e adultos que gostam de ler sobre pessoas interessantes.

Títulos disponíveis:

1. Os 11 Membros da Realeza Britânica: A Biografia da Casa de Windsor: Rainha Elizabeth II e Príncipe Philip, Harry e Meghan, e Outros
2. Os 46 Presidentes dos Estados Unidos: Suas Histórias, Conquistas e Legados: De George Washington a Joe Biden
3. Os 46 Presidentes dos Estados Unidos: Suas Histórias, Conquistas e Legados - Edição Estendida

A série de livros de Mitologia Cativante.

Bem-vindo à série de livros de Mitologia Cativante. Conheça os Deuses e Deusas do Egito e da Grécia, as divindades nórdicas e outras criaturas mitológicas.

Quem são estes antigos deuses e deusas? O que sabemos sobre eles? Quem realmente eram? Por que as pessoas os adoravam nos tempos antigos e de onde vinham esses deuses?

Estes livros apresentam novas perspectivas sobre os deuses antigos que inspirarão os leitores a compreender seu lugar na sociedade e aprender sobre a história. Estes livros de mitologia também abordam tópicos que a influenciaram a religião, literatura e arte, através de um formato envolvente com fotos ou ilustrações atraentes.

Títulos disponíveis:

1. Egito Antigo: Um Guia para os Misteriosos Deuses e Deusas Egípcias: Amun-Ra, Osiris, Anubis, Horus & Outros
2. Grécia Antiga: Um Guia dos Deuses Gregos Clássicos, Deusas, Deidades, Titãs e Heróis: Zeus, Poseidon, Apollo & Outros
3. Antigos Contos Nórdicos: Descubra os Deuses, Deusa e Gigantes dos Vikings: Odin, Loki, Thor, Freya & Outros

A série de livros de Teoria Simples.

Bem-vindo à série de livros Teoria Simples. Conheça a Filosofia, as ideias de filósofos antigos e outras teorias interessantes. Estes livros apresentam as biografias e ideias dos filósofos mais populares de lugares como a Grécia antiga e a China.

A filosofia é um assunto complexo e muitas pessoas lutam para entender até mesmo o básico dela. Estes livros são projetados para ajudá-lo a aprender mais sobre filosofia e são originais por causa de sua abordagem simples. Nunca foi tão fácil ou mais divertido obter uma maior compreensão da filosofia do que com estes livros. Além disso, cada livro também inclui perguntas para que você possa se aprofundar em seus próprios pensamentos e opiniões!

Títulos disponíveis:

1. Filosofia Grega: As Vidas e Ideias dos Filósofos da Grécia Antiga : Sócrates, Platão, Pitágoras e outros
2. Ética e Moralidade: Filosofia Moral, Bioética, Desafios Médicos e Filósofos Afins

A série de livros "Empoderamento de Jovens Empreendedores".

Bem-vindo à série de livros "Empoderamento de Jovens Empreendedores". Nunca é cedo demais para jovens ambiciosos iniciarem suas carreiras! Quer você seja um indivíduo de espírito empresarial tentando construir seu próprio império, quer seja um aspirante a empresário começando um longo e sinuoso caminho, estes livros o inspirarão com as histórias de empresários de sucesso.

Aprenda sobre suas vidas e seus fracassos e sucessos que farão você querer ter o controle de sua vida em vez de simplesmente vivê-la!

Títulos disponíveis:

1. 21 Empreendedores Bem-sucedidos: As vidas de realizadores importantes do século 20: Elon Musk, Steve Jobs e Outros
2. 21 Empreendedores Revolucionários: As vidas de empresários incríveis do século 19: Henry Ford, Thomas Edison e outros

A série de livros História Fácil.

Bem-vindo à série de livros História Fácil. Explore vários assuntos históricos desde a idade da pedra até os tempos modernos, mais as ideias e pessoas influentes que viveram ao longo dos tempos.

Estes livros são uma ótima maneira de entusiasmá-lo com a história. As pessoas são muitas vezes desligadas de livros com textos secos e chatos, mas elas adoram histórias de pessoas comuns que fizeram a diferença no mundo. Estes livros lhe dão essa oportunidade enquanto ainda lhe dão informações históricas importantes.

Títulos disponíveis:

1. Primeira Guerra Mundial: A Primeira Guerra Mundial, suas Grandes Batalhas e o Povo e as Forças Envolvidas
2. Segunda Guerra Mundial: A História da Segunda Guerra Mundial, Hitler, Mussolini, Churchill e outros personagens-chave envolvidos
3. O Holocausto: Os nazistas, a Ascensão do antissemitismo, Kristallnacht e os Campos de Concentração Auschwitz & Bergen-Belsen
4. A Revolução Francesa: O Antigo Regime, Napoleão Bonaparte, e as Guerras Revolucionária Francesa, Napoleônica e de Vendée

Nossos livros estão disponíveis em todos os principais revendedores de livros on-line. Confira os pacotes digitais de nossos livros aqui: https://payhip.com/studentPressBooksPTBR

Conclusão

Esperamos que tenham gostado desta coletânea de 21 artistas femininas fantásticas.

Este livro destaca a vida de muitas mulheres jovens e mais velhas que mudaram seus mundos e nossas perspectivas sobre o que significa ser criativo em um mundo do século 20 tão dominado pelos homens.

Espero que você tenha aprendido muito com este livro também!

Releia-o em breve!

Você já leu este conteúdo educacional? O que você achou? Deixe sua opinião fazendo uma bela resenha deste livro!

Nós amaríamos isso, então, não se esqueça de escrever uma!

www.ingramcontent.com/pod-product-compliance
Ingram Content Group UK Ltd.
Pitfield, Milton Keynes, MK11 3LW, UK
UKHW022014190726
13853UKWH00005B/1931

9 789493 258280